essentials

Essentials liefern aktuelles Wissen in konzentrierter Form. Die Essenz dessen, worauf es als „State-of-the-Art" in der gegenwärtigen Fachdiskussion oder in der Praxis ankommt. *Essentials* informieren schnell, unkompliziert und verständlich

- als Einführung in ein aktuelles Thema aus Ihrem Fachgebiet
- als Einstieg in ein für Sie noch unbekanntes Themenfeld
- als Einblick, um zum Thema mitreden zu können

Die Bücher in elektronischer und gedruckter Form bringen das Fachwissen von Springerautor*innen kompakt zur Darstellung. Sie sind besonders für die Nutzung als eBook auf Tablet-PCs, eBook-Readern und Smartphones geeignet. *Essentials* sind Wissensbausteine aus den Wirtschafts-, Sozial- und Geisteswissenschaften, aus Technik und Naturwissenschaften sowie aus Medizin, Psychologie und Gesundheitsberufen. Von renommierten Autor*innen aller Springer-Verlagsmarken.

Oksana Stavrou

Der russisch-ukrainische Krieg

(Vor-)Geschichte, Verlauf, Folgen

Oksana Stavrou
Wien, Österreich

ISSN 2197-6708 ISSN 2197-6716 (electronic)
essentials
ISBN 978-3-658-51048-0 ISBN 978-3-658-51049-7 (eBook)
https://doi.org/10.1007/978-3-658-51049-7

Die Deutsche Nationalbibliothek verzeichnet diese Publikation in der Deutschen Nationalbibliografie; detaillierte bibliografische Daten sind im Internet über https://portal.dnb.de abrufbar.

Springer VS ist ein Imprint der eingetragenen Gesellschaft Springer Fachmedien Wiesbaden GmbH und ist ein Teil von Springer Nature.
Die Anschrift der Gesellschaft ist: Abraham-Lincoln-Str. 46, 65189 Wiesbaden, Germany

Was Sie in diesem *essential* finden können

- Ukrainisch-russische Beziehungen von der Kyjiwer Rus bis zum Euromaidan
- Verlauf des Angriffskriegs Russlands gegen die Ukraine ab 2014 bis Oktober 2025, mit wichtigsten Ereignissen und ihrer Einordnung
- Folgen des Krieges für die internationale Ordnung, Russland und Europa

Danksagung Ich danke herzlich Sonja Pleßl, Publizistin und Übersetzerin, und Konstantin Kaiser, Dichter und Aufklärer, HerausgeberInnen der „Zwischenwelt International, Magazin für Kultur des Widerstands, des Exils und der Aufklärung" (www.zwischenwelt.net), sowie Wolfgang Mueller, Universitätsprofessor am Institut für Osteuropäische Geschichte der Universität Wien, für ihren wertvollen Beitrag zu diesem Buch. Dmytro Mokryy-Voronovskyy danke ich für die grafische Aufbereitung der Abbildungen.

Oksana Stavrou

Interessenskonflikt Der/die Autor*in hat keine relevanten Interessenskonflikte im Zusammenhang mit dieser Publikation.

Inhaltsverzeichnis

Oksana Stavrou studierte Jura und Wirtschaft in der Ukraine und Österreich. Sie war mehrere Jahre mit den Schwerpunkten Politik, Menschenrechte und Gerichtsbarkeit journalistisch tätig. Als Publizistin setzt sie sich mit geschichtlichen und aktuellen gesellschaftspolitischen Themen vor allem in Bezug auf die Ukraine und Russland auseinander.

Geschichte der Ukraine und Russlands

1

1.1 Kyjiwer Rus und Moskauer Zarenreich (9.–19. JH)

Die ukrainische Hauptstadt Kyjiw entstand im 5. Jahrhundert. Vom 9. bis 13. Jahrhundert war die Stadt das Zentrum eines großen, von Ostslawen, Wikingern, Finnen, Normannen und anderen bewohnten Reiches der **Kyjiwer Rus**, welches vom Schwarzen Meer im Süden bis zur Ostsee im Norden reichte und große Teile der heutigen Ukraine, Belarus und den Westen der Russischen Föderation einschloss.

Der Kyjiwer Fürst Wolodymyr der Große nahm im Jahr 988 das Christentum byzantinischer Tradition (Vorläufer der späteren Orthodoxie) an und führte es als Staatsreligion der Kyjiwer Rus ein. Von Kyjiw aus breitete sich der christliche Glaube auf die Nachbargebiete vor allem im Norden und Osten aus.

Im 12. Jahrhundert ließ ein Sohn des Kyjiwer Fürsten, Fürst Juri Dolgoruki, am Ufer des Flusses Moskwa eine Wehranlage errichten. Diese neue Stadt, die nach dem Fluss Moskau genannt wurde, expandierte hin zum **Großfürstentum Moskau** (auch Moskowien genannt, ab dem 16. Jahrhundert – das Zarentum Moskau bzw. das Moskauer Zarenreich mit einem Zaren als Staatsoberhaupt).

Als Kyjiw in Folge der mongolischen Invasion geplündert wurde, übernahm das **Königreich Galizien-Wolhynien** (12.–14. Jahrhundert) die Nachfolge der Kyjiwer Rus. Der Begriff „Rus", „Ruski" wurde noch lange als Bezeichnung für diese Region sowie für nord-östliche Gebiete bis hin nach Moskau verwendet.

Nach dem Zerfall des Königreichs Galizien-Wolhynien kamen die Gebiete der heutigen Ukraine im Laufe der nächsten Jahrhunderte unter die Herrschaft von Polen-Litauen, der Habsburger Monarchie, des Moskauer Zarenreiches und im Süden des Osmanischen Reiches.

© Der/die Autor(en), exklusiv lizenziert an Springer Fachmedien Wiesbaden GmbH, ein Teil von Springer Nature 2026
O. Stavrou, *Der russisch-ukrainische Krieg*, essentials,
https://doi.org/10.1007/978-3-658-51049-7_1

Im 17. Jahrhundert entstand in der Zentral-Ukraine ein **Kosakenstaat**, der seine Souveränität durch Allianzen mit den gegeneinander feindlich eingestellten Ländern Polen-Litauen, Schweden, Moskowien und dem Osmanischen Reich zu festigen suchte. Eine solche Allianz nutzte das Moskauer Zarenreich, um den Kosakenstaat unter seine Kontrolle zu bringen.

Bis zum 18. Jahrhundert eroberte Moskowien zahlreiche Gebiete in Europa und Asien. Um Anerkennung der europäischen Herrscher als Großmacht zu erlangen und den Anspruch auf alle ostslawischen Gebiete der früheren Rus zu zementieren, nahm 1721 der Zar Peter I. den Titel „Imperator" (= Kaiser) an und benannte das Zarentum offiziell in „Russländisches Imperium" (= **Russisches Reich**) um.

Das Gebiet des heutigen Belarus wurde nun im russischen Reich „weißrussisch" und das der heutigen Ukraine „kleinrussisch" genannt. Die lokale Bevölkerung bzw. die intellektuellen Eliten empfanden die Bezeichnung „kleinrussisch" als unpassend bzw. beleidigend und setzten zunehmend den Namen „Ukraine" bzw. „ukrainisch" durch. Das Wort „Ukraine" bedeutet veraltet „das Land" und findet sich bereits in Schriften aus dem 12. Jahrhundert. Ausdrücke mit der Wurzel „Rus" wie Ruski, Rusinen/Russinen/Russynen, Ruthenen, Rusniaken usw. waren parallel als Selbst- und Fremdbezeichnung noch lange geläufig.

Zur Zeit seiner größten Ausdehnung im 19. Jahrhundert herrschte das Russische Imperium über die heutigen Staaten Finnland, Litauen, Lettland, Estland, Moldau, Belarus, Teile Polens, der Ukraine, der Türkei und Armenien, weiters über Aserbaidschan, Georgien, Kasachstan, Kirgistan, Tadschikistan, Turkmenistan und Usbekistan sowie über Alaska (1867 an die Vereinigten Staaten von Amerika, USA, verkauft).

Das Russische Reich gründete auf der Selbstherrschaft (= absolutistische, autoritäre Macht) des Zaren, dem alle anderen Akteure im Staat einschließlich der orthodoxen Kirche, untergeordnet waren. Die staatliche Politik gegenüber den kolonisierten Völkern fiel durch exzessive Gewalt, Russifizierung, Unterdrückung lokaler Sprachen und Kulturen sowie Bekämpfung jeglicher Unabhängigkeitsbestrebungen bzw. Niederschlagung von sozialen und nationalen Aufständen auf.

In der Ukraine verboten russische Zaren z. B. mehrmals die ukrainische Sprache, Bücher, Schulunterricht, Gottesdienste und Theatervorstellungen auf Ukrainisch.

1.2   Die Sowjetunion bis 1939

Anfang des 20. Jahrhunderts gehörten die westlichen Regionen der heutigen Ukraine (vor allem Galizien) zur Österreichisch-Ungarischen Monarchie und die Regionen im ukrainischen Osten und Zentrum zum Russischen Zarenreich. Die beiden Imperien zerfielen im Laufe bzw. als Konsequenz des Ersten Weltkriegs.

An ihrer Stelle entstanden mehrere neue Staaten, die ihre Unabhängigkeit erklärten, darunter auch die Ukraine. Im ukrainischen Osten und Zentrum wurde die „**Ukrainische Volksrepublik**" und im Westen die „**Westukrainische Volksrepublik**" ausgerufen. 1919 schlossen sich die beiden Republiken zu einem geeinten ukrainischen Staat zusammen.

In Russland ergriffen nach der Oktoberrevolution 1917 die kommunistischen **Bolschewiken** unter Führung von Wladimir Iljitsch Uljanow (Lenin) die Macht. Um die Auflösung des russischen Imperiums rückgängig zu machen, versuchten sie, vormalige Kolonialgebiete unter ihre Kontrolle zu bringen und diese anschließend in einem neuen staatlichen gebilde einzuschließen. Das Vorgehen war überall ähnlich: Prorussische Kollaborateure vor Ort erklärten sich zu Vertretern des Volkes und riefen im Namen des Volkes eine „Republik der Sowjets" (= Republik der Räte) aus, die sich fortan Weisungen aus Moskau fügte. Den Widerstand in den nun unabhängigen Staaten bekämpften die Bolschewiken mit Invasion und exzessiver Waffengewalt.

In erbitterten Kämpfen, teils mit Beteiligung ausländischer Kräfte, schafften es Finnland, Polen, Estland, Lettland und Litauen, ihre Eigenstaatlichkeit vor russisch-sowjetischer Herrschaft zu bewahren. Andere neu entstandene Staaten wurden von russischen Kommunisten militärisch überwältigt und proklamiert entweder als „Sozialistische Sowjetrepublik", SSR (z. B. die Ukraine bzw. ihre zentralen und östlichen Regionen, Belarus bzw. seine Ostregionen, Georgien, Armenien, Aserbaidschan), oder als Teil der Russischen Sozialistischen Föderativen Sowjetrepublik, RSFSR (z. B. die Republik Sibirien, die Volksrepublik Krim, die Donarmee/ Donrepublik, die nordkaukasische Bergrepublik in den Regionen Dagestan, Tschetschenien und Inguschetien).

Im gleichen Zeitraum marschierte die polnische Armee in die Westukraine (Region Galizien) und in Westbelarus ein und gliederte sie trotz massivem Widerstand an Polen an.

1922 wurde der Vertrag über die Gründung der **Union der Sozialistischen Sowjetrepubliken** (UdSSR oder Sowjetunion) unterschrieben. Am Ende bestand die UdSSR aus 15 Sowjetrepubliken, die bevölkerungsreichsten dabei waren die Russische und die Ukrainische.

Die Sowjetregierung in der russischen Hauptstadt Moskau zog die Grenzen immer wieder neu. Zum Beispiel, übergab sie in den 1920er-Jahren Kuban, Belgorod und Taganrog im Südosten der Ukraine an die russische Sowjetrepublik, obwohl deren größter Bevölkerungsanteil ukrainisch war. 1936 gingen aus der Transkaukasischen SFSR die drei Sowjetrepubliken Georgien, Armenien und Aserbaidschan hervor. 1954 wurde die Halbinsel Krim in die Zuständigkeit der Ukraine übergeben.

Die kommunistische Partei Russlands organisierte die UdSSR als eine totalitäre Einparteiendiktatur mit unbegrenzter staatlicher Gewalt – nach der Eigendefinition „Diktatur des Proletariats". Wer ihr widersprach, wurde verfolgt bzw. vernichtet. Alle wichtigen Entscheidungen wurden ähnlich dem Russischen Reich in der russischen Hauptstadt getroffen. Die einzelnen Völker und ethnischen Gruppen, sei es als eine der 15 Sowjetrepubliken oder als ein Teil der Russischen Sowjetrepublik, hatten kaum Selbstbestimmung bzw. -Verwaltung. Im Ausland hat man das sowjetische Imperium daher oft nur „Russland" bzw. „Sowjetrussland" genannt.

Auch die **Russifizierung** und Unterdrückung anderer Sprachen und Kulturen wurden ab Mitte der 1920er-Jahre fortgesetzt. Neu in der Sowjetunion war das Ausmaß der Bekämpfung der Andersdenkenden, bekannt als **„roter Terror"**. Massenhafte Erschießungen, Folterungen und Einweisungen in Konzentrationslager unter der Devise „Vernichtung von Klassenfeinden" trafen Geistliche, zaristische Offiziere, Bürgertum, (konkurrierende) sozialistische Gruppierungen, oppositionelle Arbeiterschaft, Bauern und Bäuerinnen, WissenschaftlerInnen, Angehörige der politischen und geistigen Eliten und einfache SowjetbürgerInnen.

In der Ukraine richteten die Kommunisten den Terror insbesondere gegen sogenannte „ukrainische bürgerliche Nationalisten", wie AnhängerInnen der ukrainischen Unabhängigkeit, Mitglieder der linken bzw. sozialistischen ukrainischen Parteien sowie ukrainische Kunst- und Kulturschaffende abwertend bezeichnet wurden, und gegen ukrainische Bauern, die mit Enteignungen und Zwangskollektivierung nicht einverstanden waren und als „Kurkulen" (russisch „Kulaken") diffamiert wurden.

Um die ukrainischen Bauern für ihren Widerstand zu bestrafen, verpflichtete Moskau 1932 die Ukrainische Sowjetrepublik, so viel Ernte abzugeben, dass für die Bauern selbst zu wenig Nahrung blieb. Soldaten beschlagnahmten Lebensmittel und Saatgut und umzingelten Dörfer, damit Hungernde nicht in die Städte fliehen konnten. Durch diese künstlich organisierte Hungersnot, auf Ukrainisch **„Holodomor"**, starben 1932–1933 an die vier Millionen UkrainerInnen. In anderen Gebieten der Sowjetunion, wie in Kasachstan und im mehrheitlich mit ethnischen UkrainerInnen besiedelten Kuban, starben in der Zeit Millionen weiterer Menschen.

In den 1930er-Jahren wurden ukrainische Intellektuelle, Kunst- und Kulturschaffende besonders verfolgt, Hunderte von ihnen hingerichtet, Tausende in den sowjetischen fernen Osten deportiert, wo viele von ihnen in Straf- und Arbeitslagern, dem sogenannten „Gulag", starben. Diese Geschehnisse nennt man in der Ukraine die „**hingerichtete Renaissance**".

1.3 Der Zweite Weltkrieg

Deutschland unter der Führung von Adolf Hitler und die Sowjetunion unter dem Diktator Josef Stalin pflegten miteinander enge Beziehungen. Im August 1939 schlossen beide Länder einen Handelsvertrag sowie ein Abkommen über die Aufteilung Europas, auch als deutsch-sowjetischer Nichtangriffspakt, *Hitler-Stalin-Pakt* bzw. Ribbentrop-Molotow-Pakt bekannt.

Entsprechend dem Pakt starteten die deutschen Truppen am 1. September 1939 die Invasion Polens vom Westen her und die sowjetische Rote Armee am 17. September 1939 die Invasion der heutigen westukrainischen sowie westbelarusischen Gebiete, damals Teil Polens, aus dem Osten.

Am 22. Juni 1941 marschierte die deutsche Wehrmacht in die inzwischen sowjetisch okkupierten westukrainischen und westbelarusischen Regionen ein, was für Moskau eine Verletzung des Nichtangriffspakts und somit Krieg zwischen Nazi-Deutschland und der UdSSR bedeutete. Die Sowjetunion wechselte die Seite und kämpfte fortan gemeinsam mit der Anti-Hitler-Koalition aus Großbritannien, Frankreich, den USA und anderen Staaten (den Alliierten) gegen das Deutsche Reich und seine Verbündeten (die Achsenmächte).

Während Deutschland und die Sowjetunion, aber auch Polen, unter anderem Kontrolle über die westukrainischen Territorien anstrebten, strebten mehrere ukrainische Gruppierungen die Unabhängigkeit der Ukraine an. So auch Stepan Bandera, Anführer des radikalnationalistischen Teils der *„Organisation Ukrainischer Nationalisten"*, *OUN*. Bandera kämpfte zunächst gegen die polnische Herrschaft in der Westukraine, nach deren Okkupation durch die Sowjets 1939 gegen die sowjetische Besatzung. Bis zum Einmarsch der NS-Deutschen Wehrmacht in die Ukraine 1941 glaubte er, mit derer Hilfe einen unabhängigen ukrainischen Staat etablieren zu können, und ließ diesen am 30. Juni 1941 im westukrainischen Lwiw ausrufen. Die deutschen Besatzer sahen die Ukraine aber als Kolonie, verhafteten Bandera und etliche Mitglieder der OUN einige Tage später, richteten mehrere von ihnen hin; zwei Brüder Banderas starben im KZ Auschwitz. Später kämpfte die OUN auch gegen die deutsche Besatzung. Bandera selbst wurde 1959 in München von einem KGB-Agenten ermordet.

Die sowjetische Propaganda stellte den Ukrainer Bandera als „faschistischen Kollaborateur" dar, um die Idee der ukrainischen Unabhängigkeit zu diskreditieren und die blutige Unterdrückung des gesamten ukrainischen antisowjetischen Widerstands zu rechtfertigen. „Banderowzy", ähnlich wie im Russischen Imperium „Chochly" sowie später „ukrainische bürgerliche Nationalisten" und „Kurkulen", wurde zum Schimpfwort für UkrainerInnen schlechthin.

Pauschale Beschuldigungen, Schaffung von Feinbildern und Verfolgung auf Grund der ethnischen Herkunft als Instrumente der gewaltsamen Russifizierung und der staatlichen Umsiedlungspolitik trafen mehrere Nationalitäten des sowjetischen Staates. Als die Rote Armee die Kontrolle über die Halbinsel Krim nach der deutschen Okkupation 1941–1944 wiedererlangte, wurden KrimtatarInnen – mehrere Jahrhunderte lang die Mehrheitsbevölkerung der **Krim** – pauschal der Kollaboration mit NS-Deutschland beschuldigt und nach Zentralasien deportiert. Es folgten **Massendeportationen** von GriechInnen, BulgarInnen, ArmenierInnen und anderen Nationalitäten von der Krim. Mehrere Tausend Menschen kamen dabei ums Leben. Ihre Häuser wurden russischen SiedlerInnen zur Verfügung gestellt, sodass RussInnen bald zu einer 70 %-Mehrheit auf der Krim wurden. Die vertriebenen KrimtatarInnen durften offiziell erst ab 1989 auf die Krim zurückkehren.

Der Krieg endete für die Sowjetunion am 9. Mai 1945 mit großen territorialen Zugewinnen. Die UdSSR okkupierte Estland, Lettland, Litauen, einen Teil Finnlands, Westbelarus und große Teile der Ukraine, die zuvor unter Kontrolle anderer Staaten waren (so Galizien von Polen, Bukowina und Bessarabien von Rumänien, Karpatenukraine von Ungarn bzw. Tschechoslowakei).

Nichtsdestotrotz konstruierte die sowjetische Propaganda die Sowjetunion bzw. Russland als das größte Opfer und den alleinigen Sieger über das Nazi-Regime, die Rolle der anderen Alliierten – USA, Frankreich, Großbritannien – wurde herabgewürdigt. Dabei erlitten die damaligen Sowjetrepubliken Ukraine und Belarus die verhältnismäßig höchsten Verluste. Von etwa 27 Millionen der im Krieg getöteten Menschen der Sowjetunion verlor die Ukraine etwa 8–12 Millionen (ein Viertel der ukrainischen Bevölkerung, darunter auch 1–1,7 Mio. Jüdinnen und Juden, die im Holocaust umgebracht wurden), Belarus etwa 2,5 Millionen (ein Drittel der Bevölkerung), Russland etwa 13 Millionen (ein Zehntel der Bevölkerung).

Die Ukraine und Belarus waren vollständig von den Deutschen okkupiert. Von Russlands Territorium war nur 3 % besetzt. Die Ukraine hat fast die Hälfte der materiellen Schäden der Sowjetunion getragen. Fast jedeR zweite UdSSR-ZwangsarbeiterIn (= „OstarbeiterIn") stammte aus der Ukraine. Jeder fünfte Soldat der Roten Armee kam aus der Ukraine.

Der Zweite Weltkrieg heißt in Russland seit den Sowjetzeiten „der Große Vaterländische Krieg". Der „Tag des Sieges" am 9. Mai ist ein offizieller Feiertag. Die Vorstellung, dass Russland Europa „vor Faschismus gerettet habe" und weiterhin „vor Nazis schütze", ist in der russischen Gesellschaft nach wie vor weit verbreitet.

1.4   Das Ende des sowjetischen Imperiums

Nach dem Ende des Zweiten Weltkrieges 1945 waren sich die alliierten Siegermächte USA, Großbritannien, Frankreich und die Sowjetunion nicht einig, wie sich die Welt weiterentwickeln und welche Ideologie ausschlaggebend sein sollte – Demokratie, Freiheit und Marktwirtschaft einerseits, oder Kommunismus, totalitäre Diktatur und Planwirtschaft andererseits.

Der Konflikt zwischen zwei ideologischen „Polen", den zwei „Supermächten" USA und UdSSR, mit zunehmender Aufrüstung, jedoch ohne eine direkte kriegerische Konfrontation – der „**kalte Krieg**" in der „bipolaren Welt", prägte die Nachkriegszeit bis zum Zerfall der Sowjetunion 1991.

Die USA sahen sich als Schutzmacht der westlichen demokratischen liberalen Werte, als „Anführer der freien Welt". Und während Moskau den „amerikanischen Kapitalismus und Imperialismus" anprangerte, breitete es die Machtsphäre des autoritären Sowjetimperiums immer weiter aus, darunter auf dem afrikanischen Kontinent und in Latein-Amerika.

In den westlichen Nachbarländern Polen, Ungarn, der damaligen Tschechoslowakei, Rumänien, Bulgarien und dem sowjetisch besetzten Teil von Deutschland, der Deutschen Demokratischen Republik (= DDR, „Ostdeutschland") installierte der Kreml mit bewährten gewaltsamen Methoden kommunistische Marionettenregierungen. Gemeinsam mit der UdSSR und weiteren Staaten unter sowjetischem Einfluss bildeten sie den sogenannten „**Ostblock**" als Gegensatz zum demokratischen „**Westen**".

Um sich vor einer Bedrohung seitens der Sowjetunion zu schützen und den Frieden aufrecht zu erhalten, haben 1949 Großbritannien, Frankreich und weitere acht europäische Länder sowie die USA und Kanada ein Verteidigungsbündnis – die *North Atlantic Treaty Organization, NATO,* gegründet. Der wichtigste Artikel 5 des NATO-Vertrages, die sogenannte „Beistandsklausel", verpflichtet die NATO-Mitglieder, einen NATO-Staat im Falle eines Angriffs von außen zu unterstützen.

Die UdSSR hat 1955 ebenfalls ein militärisches Bündnis, den *Warschauer Pakt,* gegründet. Mitglieder des Paktes waren die Ostblock-Länder Polen, Tschechoslowakei, Ungarn, Rumänien, Bulgarien, Albanien und die DDR.

Die Sowjetunion hat die Meinungs-, Wissenschafts- und Pressefreiheit stark beschnitten. Kritik am Kommunismus, an der Kommunistischen Partei, am sowjetischen Leben allgemein oder sonst eine Abweichung von der offiziellen Position waren (lebens-)gefährlich. In den demokratischen Ländern hingegen gehörte Kritik am politischen und wirtschaftlichen System des eigenen Landes, oder auch Begeisterung für kommunistische Ideen und anti-amerikanische Äußerungen zu den akzeptierten Ausdrucksformen der Meinungsfreiheit.

Die Offenheit westlicher Gesellschaften missbrauchte Moskau dafür, sie von innen zu destabilisieren und seinen Einfluss auszubauen. In den 1960er-Jahren wurde die Methode der **„aktiven Maßnahmen"** (englisch „active measures") des sowjetischen Geheimdienstes KGB bekannt. Sie vereinte unter anderem Desinformation, die Verbreitung von Verschwörungserzählungen, Propaganda und die diskreditierung einzelner Personen sowie Verstärkung bzw. Vereinnahmung bestehender gesellschaftlicher Bewegungen.

So forderten AktivistInnen der **Friedensbewegung** in der Bundesrepublik Deutschland (= BRD, „Westdeutschland") Ende der 1970er – Anfang 1980er-Jahre, dass Europa auf die Stationierung von sowjetischen Raketen Richtung Westen nicht mit der Stationierung von US-Raketen antwortet. Sie kritisierten die USA als „imperialistisch" und als „Kriegstreiber". Kritik an militärischer Bedrohung durch die sowjetische Expansions- und Aufrüstungspolitik fehlte. Demonstrationen mit ähnlichen Forderungen fanden in vielen europäischen Städten statt. Die Infiltration der Friedensbewegung durch sowjetische und ostdeutsche Geheimdienste ist gut dokumentiert.

Die zentrale Rolle in der Methode der aktiven Maßnahmen hatten sogenannte **„Einflussagenten"** (englisch „agents of influence") inne – JournalistInnen, WissenschaftlerInnen, PolitikerInnen, Gewerkschafts-, Jugend- und FrauenaktivistInnen, religiöse Organisationen und Vereine – also Personen und Gruppen, die öffentlich nicht als pro-sowjetisch wahrgenommen wurden, aber bewusst oder unbewusst anti-westliche Positionen vertraten.

Die UdSSR instrumentalisierte auch Religion für eigene Zwecke. In der Anfangsperiode bekämpfte das kommunistische Regime alle Religionen. Der sowjetische Diktator Josef Stalin sah in der russischen Kirche aber ein Mittel der Beeinflussung der Bevölkerung und ließ sie unter staatlicher Kontrolle wieder zu. Andere Glaubensgemeinschaften wurden weiterhin verfolgt. Ab dieser Neugründung waren Geistliche der russisch-orthodoxen Kirche fest in die Geheimdienste integriert.

Russische Sprache, russische Kultur und Literatur genossen in der Sowjetunion eine **privilegierte Stellung**. Moskau übte eine systematische Staatspolitik der **Assimilierung** aus, mit Diskriminierung auf Grund der Sprache und der nichtrussischen Abstammung, Verdrängung von Nationalsprachen aus dem politischen Leben, aus Unterricht und Bildung sowie Verfolgung nationaler geistiger Eliten, Kunst- und Kulturschaffender. Das ließ die Anzahl von Menschen steigen, die sich mit Sowjetrussland identifizierten, aber auch die von Menschen, die zwar an ihrer kulturellen und nationalen Identität festhielten, jedoch die Muttersprache zugunsten des Russischen verloren hatten.

In der Ukrainischen Sowjetrepublik wurde die Verwendung der ukrainischen Sprache im öffentlichen Leben, Film und Theater, in Büchern und der Presse eingeschränkt. In manchen Orten der Ost- und Südukraine wie Luhansk, Donezk, Simferopol oder Mykolajiw gab es in den 1980er-Jahren keine einzige ukrainische Schule. An den dortigen Universitäten war Russisch die einzige Unterrichtssprache. Viele Kinder ukrainischsprachiger Eltern konnten schließlich nur noch Russisch sprechen.

Ende der 1980er-Jahre nahmen in der Sowjetunion Auflösungserscheinungen zu. Die Politik der Perestrojka (= Umbau) Michail Gorbatschows sollte den Staatserhalt gewährleisten, schuf aber gleichzeitig Freiräume für politische Betätigung. Estland, Lettland und Litauen erklärten 1990 die Wiederherstellung ihrer Unabhängigkeit. Es folgten andere Sowjetrepubliken einschließlich der Ukraine. Am 8. Dezember 1991 stellten die Staatschefs von Russland Boris Jelzin, der Ukraine Leonid Krawtschuk und Belarus Stanislau Schuschkewitsch im Vertrag von Belowesch, Belarus, die **Auflösung der Sowjetunion** fest. Das formale Ende der Sowjetunion folgte am 25.–26. Dezember 1991 mit dem Rücktritt des damaligen Präsidenten der UdSSR Gorbatschow und einem Parlamentsbeschluss.

1.5 Die Russische Föderation ab 1991

Ähnliche **Desintegrationsprozesse** liefen innerhalb der Russischen Sowjetrepublik, seit Dezember 1991 offiziell Russische Föderation, RF, ab. Der Vielvölkerstaat umfasst in den über 80 sogenannten „Föderationssubjekten" (= Teilen der Föderation) unterschiedliche ethnische Gruppen und Nationalitäten mit jeweils eigener Sprache, Kultur und Religion, welche das russische Kernland im Laufe der Jahrhunderte kolonisierte und unterdrückte.

So erklärten Tschetschenien und Tatarstan, die vorher den Status einer autonomen Sowjetrepublik innerhalb der Russischen Föderativen Sowjetrepublik hatten, ihre Staatsunabhängigkeit. Nach dem jeweils bestätigenden Referendum funktionierten sie jahrelang praktisch als selbstständige Staaten. Weitere autonome Republiken, z. B. Baschkortostan, Jakutien (Republik Sacha), Karelien, Kalmückien, Tschuwaschien, Burjatien, Tuwa usw. erklärten ihre Souveränität bzw. den Vorrang ihrer Gesetzgebung vor den Gesetzen der Föderation. Andere Regionen (autonome Oblasts und Kreise) strebten mehr Selbstbestimmung an und änderten ihren rechtlichen Status zu einer Republik, wie z. B. die Republik Dagestan und die Republik Kabardino-Balkarien.

In den Folgejahren arbeitete Moskau an der Wiederherstellung der Kontrolle sowohl über die meisten ehemaligen Sowjetrepubliken in Form der *Gemeinschaft unabhängiger Staaten, GUS*, als auch über die aufstrebenden Regionen innerhalb der RF. Die meisten Regionen innerhalb der RF unterzeichneten bereits 1992 den neuen Föderationsvertrag mit Moskau, der ihre Rechte einschränkte. Die Republik Tatarstan mit der Hauptstadt Kasan unterschrieb den Vertrag nicht, verlor jedoch durch Sonderabkommen und rechtliche Änderungen schleichend ihren unabhängigen Status.

1996 proklamierte das Parlament der RF in zwei Resolutionen das Ziel der „Wiederherstellung der staatlichen Einigkeit der Völker der UdSSR" und erklärte die Auflösung der UdSSR 1991 für nichtig. Nach heftigen Protesten revidierte das Parlament diese Deklaration.

Gegen die unabhängige Tschetschenische Republik Itschkerien (Selbstbezeichnung) ging der Kreml mit exzessiver Waffengewalt vor. Der erste **russisch-tschetschenische Krieg** unter Präsident Jelzin 1994–1996 endete mit einem Friedensvertrag. Während des erklärten Waffenstillstands bereitete der Kreml den zweiten Kriegszug 1999–2000 vor. Nach der völligen Zerstörung der tschetschenischen Hauptstadt Grosny, Massenflucht Einheimischer und Okkupation durch die russische Armee wurde Tschetschenien wieder in die Staatsstruktur der RF eingegliedert.

In der Innenpolitik startete der 1991 gewählte Präsident der Russischen Föderation Boris Jelzin eine Reihe von Reformen: Privatisierung staatlicher Unternehmen, Liberalisierung der Wirtschaft inklusive Beendigung der Preisregulierung, Demokratisierung. Die neue demokratische Verfassung 1993 garantierte die Grundrechte wie Informationsfreiheit, Versammlungsfreiheit, Recht auf Privateigentum, freies Wahlrecht usw.

Reformen waren zwar notwendig, brachten aber nicht nur Positives. Durch eine schlecht durchgeführte Währungsreform verloren viele Menschen ihre Ersparnisse. Mehrere Finanzkrisen führten zu hoher Arbeitslosigkeit und Inflation. Es formierten sich kriminelle Banden, welche die Polizei nicht ausreichend bekämpfte. In der Politik kam es immer wieder zu Korruptionsskandalen und Machtkämpfen zwischen verschiedenen Gruppen bzw. Oligarchen. Die Zeit der demokratischen Reformen in Russland 1991–2000 war allgemein sehr instabil und blieb für große Teile der russischen Bevölkerung negativ in Erinnerung.

Als der bisherige Ministerpräsident Wladimir Putin im Jahr 2000 als Nachfolger Boris Jelzins RF-Präsident wurde, war sein Hauptversprechen Stabilität und wirtschaftlicher Wohlstand. In den ersten Jahren von Putins Präsidentschaft stabilisierte sich die Situation im Land, die Gehälter stiegen, die Menschen hatten mehr Geld für Konsum, kriminelle Banden wurden bekämpft. Es herrschte mehr Ordnung und Wohlstand im Vergleich zu den turbulenten 1990er-Jahren, auch wenn die Lebensqualität von jener in den meisten europäischen Ländern weit entfernt war.

Gleichzeitig begann Putin, ein **autoritäres System** um sich herum zu errichten. PolitikerInnen und AktivistInnen, welche die Regierung kritisierten, wurden verhaftet. Putins KonkurrentInnen und Unzufriedene wurden beseitigt; es gab politische Morde. Pressefreiheit wurde schrittweise eingeschränkt; viele unabhängige Zeitungen und Fernsehkanäle mussten schließen. Vereine, die gegen die staatliche Linie verstießen, wurden verboten oder in ihrer Tätigkeit eingeschränkt. Selbst erlaubte Demonstrationen wurden teilweise mit Gewalt aufgelöst, Demonstrierende festgenommen und verurteilt.

Putin zu kritisieren, wurde praktisch verboten. Rund um ihn entstand ein **Personenkult**.

Es gab zwar einige Proteste gegen diese Entwicklungen, doch der Großteil der Bevölkerung hat sie akzeptiert. Die Einschränkung der Freiheit und Demokratie wurde als Preis für die Stabilität hingenommen. Andererseits zeigten russische BürgerInnen immer weniger Interesse für die Kriege, welche Moskau führte (in Tschetschenien, Transnistrien – Teil von Moldau, Georgien), und allgemein für Politik der eigenen Regierung. Diese Entpolitisierung der Bevölkerung Russlands ging mit der fatalistischen Einstellung einher, dass man mit der Politik nichts zu tun hat oder dass man ohnehin nichts ändern kann.

Wladimir Putin nannte den Zerfall der UdSSR „die **größte geopolitische Katastrophe** des 20. Jahrhundert" (Putin, Präsident Russlands, 2005) bzw. „Zerfall des historischen Russlands unter dem Namen Sowjetunion" (TASS.ru 2021). Diese Ansichten sowie den Wunsch nach Wiedererrichtung eines russischen Reiches in den ehemaligen Grenzen insbesondere einschließlich der Ukraine teilten auch viele RussInnen, worauf unter anderem die große Popularität literarischer Werke wie „Das Dritte Imperium – Russland wie es sein soll" von Michail Jurjew (2006), „Schlachtfeld Ukraine. Der gebrochene Dreizack" von Georgi Sawizki (2009), „Die Ukraine und der Rest von Russland. Die neue Wiedervereinigung ist eine Lebensnotwendigkeit. Das Buch-Manifest" von Anatoly Wasserman (2013) usw. hindeuteten.

Putin wurde auch nach Ablauf seiner ersten Amtszeit als russischer Präsident wiedergewählt.

International brachte die Auflösung der UdSSR automatisch das Ende des Kalten Krieges und der „bipolaren Welt", des Ostblocks und des Warschauer Pakts.

Die RF initiierte die Gründung eines neuen Militärbündnisses, die *Organisation des Vertrags über kollektive Sicherheit, OVKS*. Dem Bündnis sind neun Ex-Sowjetrepubliken beigetreten, drei davon sind später wieder ausgetreten, Armenien hat seine Mitgliedschaft 2024 eingefroren. 2025 hatte das OVKS-Militärbündnis fünf aktive Mitglieder: Russland, Belarus, Kasachstan, Kirgistan, Tadschikistan. Serbien hat in der OVKS einen Beobachter-Status.

Da die ehemaligen Mitglieder des Warschauer Pakts nach 1991 freie Wahl hatten, traten alle von ihnen im Laufe der Jahre statt dem russisch geleiteten OVKS der NATO bei, weil sie darin Schutz vor Moskaus imperialistischen Ambitionen sahen. Das Gleiche taten auch die drei vormals von der Sowjetunion besetzten baltischen Staaten Estland, Lettland und Litauen.

Die NATO-Staaten äußerten nun die Absicht, eine vertrauensvolle strategische Beziehung mit der Russischen Föderation aufzubauen. 1994 wurde die Russische Föderation Mitglied im NATO-Programm „*Partnerschaft für den Frieden*" (englisch „Partnership for Peace"). 1997 fand die Unterzeichnung der „*NATO-Russland-Grundakte*" statt, mit welcher die NATO und Russland erklärten, „gemeinsam im euro-atlantischen Raum einen dauerhaften und umfassenden Frieden auf der Grundlage der Prinzipien der Demokratie und der kooperativen Sicherheit schaffen" zu wollen.

Das Nordatlantische Bündnis und Russland arbeiteten im Rahmen des neu geschaffenen *NATO-Russland-Rats* zusammen. Russland sandte eine ständige Vertretung zur NATO und die NATO eröffnete eine ständige Vertretung in Moskau. Keinem anderen Staat hat die NATO eine solche besondere Stellung ermöglicht.

Der Russischen Föderation stand die Möglichkeit offen, den üblichen Aufnahmeprozess zu starten und der NATO beizutreten. Das tat das Land nicht.

1.6   Die unabhängige Ukraine ab 1991

Am 24. August 1991 verabschiedete die Werchowna Rada (= Parlament der Ukraine) eine **Unabhängigkeitserklärung**. Das darauffolgende Referendum am 1. Dezember bestätigte dies mit über 90 % und Zustimmung in allen Regionen der Ukraine. Die gleichzeitig durchgeführten Präsidentschaftswahlen gewann Leonid Krawtschuk. Noch im Dezember wurde die Unabhängigkeit der Ukraine von mehreren Staaten einschließlich Russland anerkannt.

Die nun unabhängige Ukraine war die **drittgrößte Atommacht** der Welt. Noch 1990 hielt die Ukraine in der „Deklaration über die Staatssouveränität der Ukraine" ihre Absicht fest, dauerhafte Neutralität anzustreben, keinen Militärbündnissen anzugehören und keine Atomwaffen zu besitzen. Am 5. Dezember 1994 wurde ein Abkommen, das sogenannte *„Budapester Memorandum"* unterzeichnet, in welchem die Ukraine auf Nuklearwaffen verzichtete. Die auf ihrem Gebiet stationierten Atomwaffen gab die Ukraine an Russland ab. Im Gegenzug erklärten Russland, die USA und Großbritannien:

- die Unabhängigkeit und die bestehenden Grenzen der Ukraine zu respektieren;
- weder Gewalt noch wirtschaftlichen Zwang gegenüber der Ukraine anzuwenden;
- selbst keine Atomwaffen gegen die Ukraine einzusetzen und die Ukraine bei Bedrohung mit Atomwaffen zu unterstützen.

Frankreich und die Volksrepublik China gaben zur Sicherheit der Ukraine eigene Erklärungen ab.

Gleichlautende Memoranden wurden mit Kasachstan und Belarus unterzeichnet. Beide Staaten übergaben ebenfalls ihre Nuklearwaffen an die Russische Föderation.

Als **bündnisfreier Staat** wurde die Ukraine neben Österreich, Russland und weiteren Ländern zum Mitglied der NATO-Partnerschaftsprogramme „Partnerschaft für den Frieden" und *„Euro-Atlantischer Partnerschaftsrat"*, *EAPR* (englisch „Euro-Atlantic Partnership Council").

In den 2000er-Jahren begann die ukrainische Politik eine Diskussion über die Sinnhaftigkeit eines zukünftigen NATO-Beitritts. Die Gesellschaft lehnte die NATO-Mitgliedschaft zunächst ab, bei gleichzeitiger Vertiefung der Zusammenarbeit mit der Nordatlantikallianz. Auf dem NATO-Gipfel in Bukarest 2008 traten insbesondere Deutschlands Bundeskanzlerin Angela Merkel und Frankreichs Präsident Nicolas Sarkozy gegen den Start des NATO-Beitrittsprozesses für die Ukraine und Georgien auf.

Das ukrainische Gesetz von 2010 definierte die Bündnisfreiheit (= Nichtteilnahme an militärischen Bündnissen) als eines der wichtigsten Prinzipien der Außenpolitik der Ukraine.

Den Weg der Ukraine zur liberalen Demokratie erschwerten mehrere Herausforderungen. Es fand kein Wechsel der politischen Eliten statt; kommunistische Parteikader, Nutznießer des sowjetrussischen autoritären Regimes und Angehörige repressiver Geheimdienste waren nun für liberale Reformen zuständig. Sie führten diese teils halbherzig und ineffektiv, teils mit Augenmerk auf Eigenprofit durch, wie z. B. die vom Missbrauch gezeichnete Privatisierung staatlicher Immobilien und Produktionsstätten, die zur Bereicherung einiger Weniger und Entstehung von sogenannten „Oligarchen" bzw. „neuen Reichen" führte.

Die sowjetischen Hierarchien, welche die informelle Verteilung von Privilegien an Parteiangehörige außerhalb der Gesetze – also die systemerhaltende Korruption – kontrollierten, kollabierten. Das verursachte eine unkontrollierte Verbreitung von Korruption. Gegen dieses sowjetische Erbe der Korruption in der Verwaltungspraxis richteten sich ukrainische **Reformen** für Transparenz, Abschaffung von Restriktionen, welche Missbrauch begünstigten, sowie die Digitalisierung, welche die Räume für eigenmächtige manuelle Entscheidungen einschränkte.

Rückwärtsgewandte pro-russische Kräfte in der Ukraine versuchten das Land in die russische Einflusszone zurückzubringen bzw. den jungen Staat von innen zu spalten. Spätestens nach der Machtergreifung durch Putin in der RF 2000 erhielten sie aktive Unterstützung und Finanzierung von Moskau. Zusätzlich streute die russische Propaganda Lügen über Benachteiligung russischsprechender Menschen der Ukraine, obwohl es gerade ukrainischsprechende UkrainerInnen waren, die im ukrainischen Osten oftmals weder ukrainische Schulen noch ukrainische Druckwerke zur Verfügung hatten.

Während politische Eliten in Russland ein zunehmend unfreies, reaktionäres Gesellschaftssystem schufen, das ihnen Reichtum und Einfluss auf Kosten der russischen Bevölkerung sicherte, nutzten die UkrainerInnen die Unabhängigkeit für Demokratieausbau, Freiheit und Wohlstandsvermehrung. Sie zeigten damit eine wünschenswerte Alternative zu dem russischen autoritären Modell, was Führungskreise der RF als eine Bedrohung für ihre innenpolitische Legitimation und machterhalt verstanden.

Trotz Rückschlägen, Widerstand und wirtschaftlicher Schwierigkeiten schaffte die ukrainische Gesellschaft, immer wieder zum **demokratischen Pfad** zurückzukehren, und protestierte laut gegen autoritäre Tendenzen und Beschneidung ihrer Rechte.

Als bei den Präsidentschaftswahlen im Herbst 2004 massive Fälschungen zugunsten des pro-russischen Kandidaten Wiktor Janukowytsch bekannt wurden, demonstrierten dagegen Hunderttausende Menschen. Die als „**Orange Revolution**" bekannten Proteste erzwangen eine Wahlwiederholung, die Wiktor Juschtschenko gewann.

2013 arbeiteten die Ukraine und die Europäische Union ein *Assoziierungsabkommen* aus. Janukowytsch, der 2010 doch noch zum Präsidenten gewählt worden war, lehnte die Unterzeichnung des Vertrages jedoch auf Druck Russlands ab. Daraufhin gingen Millionen ukrainischer BürgerInnen auf die Straße, um gegen den korrupten Präsidenten und für den Vertrag mit der EU und die europäische Zukunft der Ukraine zu protestieren.

Diese Proteste, **„Euromaidan"** (abgeleitet vom Kyjiwer Hauptplatz Maidan Nesaleschnosti, deutsch „Platz der Unabhängigkeit") oder **„Revolution der Würde"** genannt, fanden in Kyjiw und vielen ukrainischen Städten während mehrerer Winterwochen statt.

Mitte Februar 2014 befahl der damalige Präsident, den Protest auf dem Maidan Nesaleschnosti aufzulösen. An die Hundert ZivilistInnen starben in Folge der Polizeigewalt, sie werden in der Ukraine die „Himmlische Hundertschaft" genannt. Doch die Menschen protestierten weiter, schließlich flüchtete Janukowytsch nach Russland.

Das ukrainische Parlament wählte daraufhin in einem demokratischen Prozess einen Übergangspräsidenten und eine Übergangsregierung. Es setzte die Neuwahlen für das Amt des Präsidenten für Mai 2014 an, welche Petro Poroshenko gewann. Die russische Staatspropaganda beschimpfte den Präsidenten und die neue Regierung der Ukraine als „faschistische Junta".

2.1 Die russische Annexion der Krim 2014

Die Euromaidan-Proteste der ukrainischen Zivilgesellschaft gegen den pro-russischen korrupten Präsidenten und für die pro-europäische Entwicklung des Landes erklärte die russische Regierung zu einem „neonazistischen Putsch".

Moskau nutzte die für die Ukraine schwierige Übergangszeit aus: Russische Spezialeinheiten marschierten am 20. Februar 2014 auf der ukrainischen Halbinsel Krim ein, besetzten eine Woche später das Regionalparlament und das Regierungsgebäude und setzten den russischen Staatsbürger Sergei Aksjonow als neuen „Ministerpräsidenten" der Krim ein. Das Datum **20. Februar 2014** markiert den eindeutigen Start der feindlichen militärischen Handlungen russischer Truppen auf der ukrainischen Krim und gilt somit als Anfang des russisch-ukrainischen Krieges.

Die Soldaten trugen Militäruniformen ohne Abzeichen, um nicht als russische Armeeangehörige erkannt zu werden. Im Volksmund wurden sie wegen der Farbe der Uniform „grüne Männchen" genannt.

Die russische Besatzungsverwaltung führte am 16. März 2014 auf der Krim ein **Scheinreferendum** für die Angliederung an Russland durch. Unter russischer Okkupation und Gewaltandrohung, mit gefälschten Ergebnissen (in manchen Orten mehr als 100 % Zustimmung der Befragten) hatte es nichts mit einer freien demokratischen Willensäußerung gemein. Zwei Tage später verkündete der russische Präsident Wladimir Putin den „Anschluss" der Krim an Russland.

Das Scheinreferendum und die Annexion der Krim werden durch die internationale Gemeinschaft nicht anerkannt. Völkerrechtlich ist die Halbinsel Krim weiter ukrainisches Gebiet.

O. Stavrou, *Der russisch-ukrainische Krieg*, essentials, https://doi.org/10.1007/978-3-658-51049-7_2

2.2   Die Scheinrepubliken „DNR" und „LNR"

Anschließend an die Annexion der Krim startete die Russische Föderation eine militärische Intervention im ukrainischen Osten, wo zunächst Janukowytsch-treue Beamte und später russische Geheimdienste Proteste gegen den Euromaidan, genannt „Antimaidan", mitorganisierten und mitfanzierten. Spätestens im Mai 2014 erlangte Russland mit militärischen und nichtmilitärischen Mitteln die Kontrolle über große Teile der Regionen Donezk und Luhansk im Osten der Ukraine.

Unter der Führung russischer Offiziere mit Beteiligung russischer Spezialeinheiten, mit russischen Waffen und russischer Finanzierung sowie Unterstützung lokaler KollaborateurInnen wurde die ukrainische Verwaltung gewaltsam vertrieben. Zwei **Scheinrepubliken** wurden ausgerufen: „DNR – Donezker Volksrepublik" und „LNR – Luhansker Volksrepublik".

Am 17. Juli 2014 schossen russisch kontrollierte Kämpfer in der Region Donezk mit einer russischen Rakete des Typs BUK das Passagierflugzeug MH17 der Malaysia Airlines, das von Amsterdam nach Kuala Lumpur flog, ab. Alle 298 Menschen an Bord starben.

Laut Meinungsumfragen wünschte die Mehrheit der Bevölkerung der russisch besetzten Gebiete den Verbleib bei der Ukraine. Die russisch-kontrollierte Verwaltung führte im Mai 2014 Scheinreferenden ähnlich wie auf der Krim durch und erklärte die Unabhängigkeit der „DNR" und „LNR". Diese wird international nicht anerkannt.

Im Gegensatz zur Krim stießen die „Separatisten" – so wurden russisch kontrollierte Milizen/KämpferInnen und deren KollaborateurInnen in den russisch geführten „DNR"/„LNR" oft genannt – auf ukrainischen Widerstand.

Im April 2014 rief der ukrainische Übergangspräsident Oleksandr Turtschynow die sogenannte Antiterroristische Operation, ATO, aus.

Nach dem gezielten Herunterwirtschaften während der Präsidentschaft des prorussisch eingestellten Janukowytsch befand sich die ukrainische Armee in einem desolaten, kaum einsatzfähigen Zustand, sodass die lokale ukrainische Bevölkerung zur Abwehr der russischen Aggression freiwillige Kampfeinheiten, teils innerhalb der bestehenden Streitkräfte, teils unabhängig, bildete. Diese freiwilligen Bataillone, manche anfangs mit fragwürdigen ideologischen Komponenten, wurden schrittweise in die Struktur der staatlichen Streitkräfte der Ukraine ohne politisch-ideologische Färbung integriert, wie z. B. das Regiment „Asow" aus der ostukrainischen Region Donezk im Herbst 2014.

Der Kreml setzte gegen die Ukraine nicht nur (Spezial-)Einheiten der russischen Streitkräfte ein, sondern auch Söldnertruppen aus bezahlten Kämpfern, auch

„Schattenarmeen" bzw. „Privatarmeen" genannt, da sie von privaten Personen angeführt werden. Diese bekommen Waffen und Finanzierung vom russischen Staat, sodass Russland Kriege im Ausland führen kann, ohne offiziell als Kriegspartei zu gelten.

Die bekannteste russische Schattenarmee in den Kämpfen im ukrainischen Osten, welche Russland auch im Krieg in Syrien sowie in mehreren afrikanischen Staaten involvierte, war die **Gruppe Wagner** unter der Leitung von Putins Vertrauten Jewgeni Prigoschin.

Zusätzlich kämpften auf russischer Seite mehrere faschistische Gruppierungen aus der sehr aktiven und etablierten Neonazi-Szene Russlands, wie z. B. „Russitsch" und die „Russische Reichsbewegung". Der Anführer von „Russitsch", Alexei Miltschakow, der durch sein Tierquälerei-Video im Internet bekannt wurde, verwendete öffentlich das Hakenkreuz und sagte über sich selbst: „Ich bin ein Nazi. Sagen wir nicht Nationalist, Patriot. Ich bin ein Nazi."

Während russische Kriegshandlungen im ukrainischen Osten fortdauerten und bis 2022 etwa 14.000 Menschen töteten bzw. rund zwei Millionen Menschen in die Flucht trieben, wurden unter Beteiligung der Ukraine, Russlands und mehrerer westlicher PolitikerInnen Gespräche über mögliche Friedenslösungen geführt. In Minsk, der Hauptstadt von Belarus, wurden die sogenannten *„Minsker Friedensabkommen"* unterzeichnet, deren Bestimmungen jedoch nie gänzlich umgesetzt wurden.

Grund dafür: Russland war nicht bereit, seine völkerrechtswidrige Militäraggression gegen die Ukraine zu beenden, und brach den Waffenstillstand kurz nach der Unterzeichnung. Und die Ukraine hielt weiterhin an den völkerrechtlich gültigen Grenzen von 1991 fest, auf die sich auch die Minsker Abkommen beziehen. Somit wirkten sich die Friedensverhandlungen kaum auf die Realität aus. Russisch-ukrainische Kämpfe setzten sich fort.

Die Europäische Union belegte einige Personen und Unternehmen aus der Russischen Föderation mit Einreiseverboten und Handelseinschränkungen, welche jedoch die russische Kriegsmaschinerie und Wirtschaft kaum beeinträchtigten.

Deutschland intensivierte sogar die Zusammenarbeit mit Russland im Energiesektor und startete den Prozess zum Bau der zweiten Unterwasser-Pipeline für den Transport von russischem Gas in der Ostsee unter Umgehung der Ukraine Nord Stream 2 (Nord Stream 1 wurde bereits 2011 in Betrieb genommen). Das Land steigerte die importierten Gasmengen aus Russland von 37 % Anteil an Gasimporten (2010) auf 55 % (2021). Österreich erhöhte den Anteil an russischem Gas im gleichen Zeitraum von 70 % auf 80 %, in der EU gesamt erfolgte eine Steigerung von 26 % auf 44 %.

Ukrainische Anfragen nach schlagkräftigen Verteidigungswaffen gegen russische Aggression blieben indes meistens unberücksichtigt. Lediglich Munition und
leichte Waffen bzw. Panzerabwehrsysteme bekam die Ukraine unter anderem von
den USA und Litauen (Pahulych 2021).

2.3   Eskalation 2021 – Anfang 2022

Im Laufe des Jahres 2021 verlegte Russland etwa 150.000 Soldaten an die Grenze
zur Ukraine. Ukrainische und ausländische PolitikerInnen versuchten die Auf-
merksamkeit der Weltöffentlichkeit auf den russischen Aufmarsch zu lenken und
durch Gespräche mit dem russischen Präsidenten Wladimir Putin den Angriff auf
die Ukraine abzuwenden.

Am 12. Juli 2021 veröffentlichte Putin seinen Essay *„Zur historischen Einheit
von Russen und Ukrainern"*, in dem er die Existenz der Ukraine als eigene Nation
in Frage stellte. ExpertInnen bewerteten das als Vorbereitung eines Angriffs. Massive russische Cyberattacken auf die kritische Infrastruktur der Ukraine ab Jänner
2022 bestärkten diese Annahme. Russische Kämpfer intensivierten Angriffe an der
Kontaktlinie mit der ukrainischen Armee im Osten der Ukraine.

Angesichts der russischen Eskalation lieferten die USA, Großbritannien, Kanada, Estland und Litauen seit Anfang 2022 leichteres Kriegsmaterial wie Panzerabwehrsysteme vom Typ Javelin und NLAW, tragbare Luftabwehrsysteme vom
Typ Stinger und Munition an die Ukraine. Lettland, Tschechien, Polen und Niederlande sagten ebenfalls Waffenlieferungen zu. Deutschland blockierte selbst ent-
geltlichen Erwerb von militärischer Ausrüstung für die ukrainische Armee, versprach ihr jedoch 5000 Helme.

Am 21. Februar 2022 erkannte Putin die „Unabhängigkeit" der Pseudo-
republiken „DNR"/„LNR" an. Ihre formale Eingliederung in die Russische Föderation folgte im Oktober 2024 per Gesetz.

Am Frühmorgen des 24. Februar 2022 verkündete der russische Präsident
Putin den Beginn der **„speziellen Militäroperation"** – wie der Krieg gegen die
Ukraine in der RF seitdem heißt – mit dem Ziel, die Ukraine zu **„entnazifizieren"**
und zu **„entmilitarisieren"**. Somit machte Putin die Invasion der Ukraine bekannt und leugnete sie gleichzeitig mit den Worten „Wir haben nicht vor, ukrainische Gebiete zu besetzen. Wir werden niemandem etwas mit Gewalt auf-
zwingen" (Putin 2022).

2.4   Die russische Vollinvasion am 24. Februar 2022

Die russische Vollinvasion der Ukraine begann am 24.02.2022 in der Früh mit über das ganze Land verteilten Luft- und Raketenangriffen. Russische Bodentruppen marschierten vom Süden, Osten und Norden (auch aus dem belarusischen Staatsgebiet) in ukrainisches Territorium ein und rückten schnell in Richtung der ukrainischen Hauptstadt Kyjiw vor (s. Karte Abb. 2.1).

Die Kreml-Führung rechnete offensichtlich mit einem Blitzkrieg. Am 27. Februar 2022 zeigte sich der russische Parlamentarier Matwejtschew in einem Interview zuversichtlich, dass die ukrainische Hauptstadt Kyjiw sowie andere Schlüsselstädte innerhalb der darauffolgenden drei Tage von Russland eingenommen würden.

Diese „Kyjiw-in-drei-Tagen"-Einschätzung, dass die Ukraine innerhalb kürzester Zeit fallen würde, teilten auch viele westliche EntscheidungsträgerInnen, auch

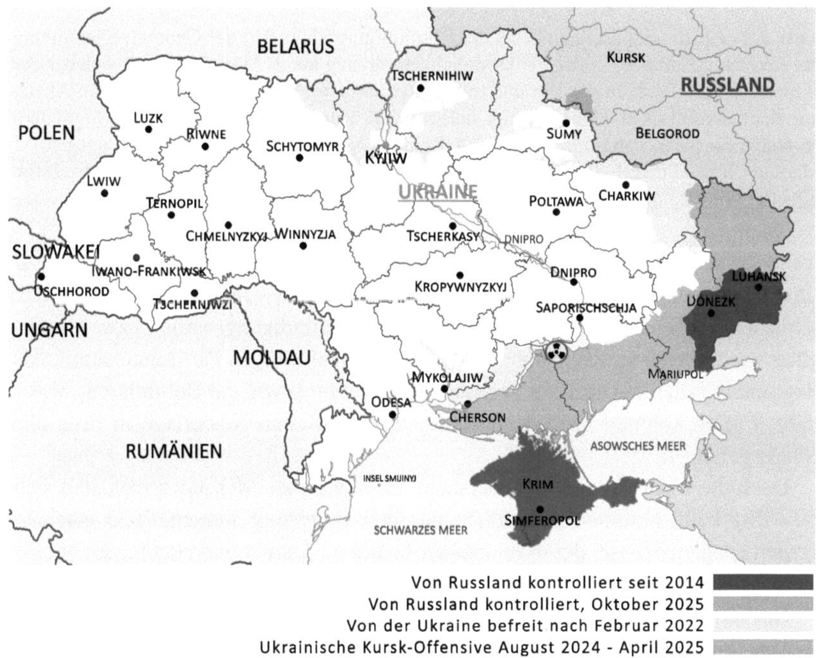

Abb. 2.1 Karte der Ukraine mit umkämpften Gebieten. Daten nach: DeepStateUA (2025). Stand: 30.10.2025

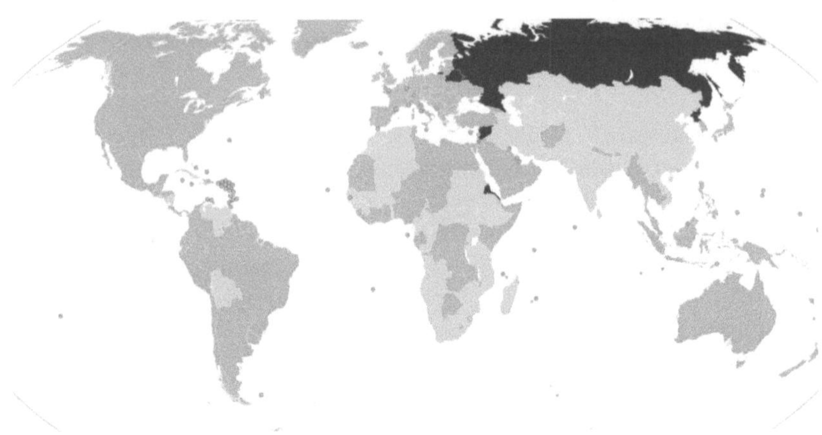

Abb. 2.2 Abstimmungsergebnis bei der Resolution A/ES-11/L.1 der Generalversammlung der Vereinten Nationen in der 11. Dringlichkeitssitzung am 2. März 2022, mit welcher der Einmarsch Russlands in die Ukraine missbilligt und Russland zum unverzüglichen Abzug aus dem ukrainischen Hoheitsgebiet aufgefordert wurde. 141 von 193 UN-Mitgliedern stimmten für die Resolution, 5 (Russland, Belarus, Nordkorea, Syrien, Eritrea) dagegen, 35 (darunter Iran, China, Indien, Pakistan, Kuba und andere) haben sich enthalten. Foto: Jurta. (Quelle: Wikipedia)

wenn sie den russischen Überfall verurteilten, wie z. B. in der UN-Resolution A/ES-11/L.1 vom 2. März 2022 (s. Abb. 2.2). Sie lehnten ukrainische Bitten nach schweren Waffen ab und beschränkten sich auf Verteidigungswaffen bzw. Militärgüter wie Geschosse und leichte Waffen für einen allfälligen Partisanenkampf. Als Begründung diente Angst vor russischer Eskalation sowie die Befürchtung, westliche Waffen könnten nach der allfälligen ukrainischen Niederlage in russische Hände gelangen.

Doch die Ukraine leistete Widerstand. Zehntausende Menschen meldeten sich freiwillig beim ukrainischen Militär, darunter auch viele Frauen. 2022 machten Frauen etwa ein Viertel der ukrainischen Armee aus, was weltweit eine der höchsten Frauenquoten beim Militär darstellte.

Der ukrainische Präsident Wolodymyr Selenskyj blieb trotz mehrmaliger Anschläge auf ihn an seinem Amtssitz Kyjiw.

„Der Kampf ist hier. Ich brauche Munition, keine Mitfahrgelegenheit."
   Der ukrainische Präsident Wolodymyr Selenskyj antwortete mit diesen Worten am Beginn der russischen Invasion auf das Angebot der USA, ihn aus der Ukraine zu evakuieren.

Die Bevölkerung vor Ort begegnete den Invasoren mit Mut und Hohn: EinwohnerInnen stellten sich vor die russischen Panzer, attackierten russische Drohnen, in den russisch besetzten Gebieten demonstrierten Menschen gegen die Invasion, ukrainische Bauern schleppten mit Traktoren russische Panzer ab.

Besondere Bekanntheit erlangte der Funkspruch eines der zwölf Grenzsoldaten auf der ukrainischen Schlangeninsel (Insel Smijinyj) am ersten Tag der russischen Vollinvasion. Auf die Aufforderung des russischen Flaggschiffs „Moskwa", sich zu ergeben, entgegnete er: „Russisches Kriegsschiff, f*** dich".

In den ersten Tagen des vollumfänglichen Krieges haben russische Besatzer große Gebiete einschließlich der Großstadt Cherson erobert und standen vor Kyjiw. Sie besetzten das **Atomkraftwerk in Saporischschja** – das größte in Europa, – beschädigten einige Objekte am AKW-Gelände, platzierten dort Militärtechnik und Minen. Das AKW musste in Folge heruntergefahren werden.

Am 28. Februar trafen sich die Delegationen Russlands und der Ukraine ein erstes Mal zu Friedensverhandlungen in Belarus und in weiterer Folge in Istanbul, Türkei.

Die Russen forderten von den Ukrainern eine Kapitulation, Entwaffnung und einen neutralen Status. Die Ukraine zeigte Kompromissbereitschaft. Doch nach mehreren Wochen mit Gesprächen gab es nach wie vor ein unüberwindbares Hindernis: Niemand wollte Kyjiw eine Sicherheitsgarantie geben, dass eine neutrale Ukraine von Russland nicht wieder angegriffen würde. Die ukrainische Erfahrung mit dem wirkungslosen „Budapester Memorandum" machte eine harte Sicherheitsgarantie zwingend notwendig.

In der Zwischenzeit erlitten russische Truppen beim Vormarsch gewaltige Verluste. Den versuchten Sturm auf die Hauptstadt Kyjiw hatten die UkrainerInnen erfolgreich abgewehrt und die Kontrolle über Gebiete in den nördlichen und nordöstlichen Regionen Tschernihiw, Sumy und Schytomyr zurückerlangt. Daraufhin konzentrierte sich Russland auf den ukrainischen Süden und Osten. Ukrainische Geburtskliniken, Wohnhäuser, Einkaufszentren, Bahnhöfe mit Hunderten Menschen, aber auch Kirchen, Museen und Schulen wurden Ziel der russischen Raketen und Drohnen in der gesamten Ukraine.

Am 16. März 2022 warf ein russisches Kampfflugzeug eine Bombe auf das Akademische Drama-Theater von **Mariupol** ab. Die Hafenstadt am Asowschen Meer in der Region Donezk stand unter russischer Belagerung und Luftangriffen.

Das Theater diente als Schutzort für ZivilistInnen und war mit der aus der Luft gut sichtbaren, russischen Aufschrift „Kinder" gekennzeichnet. Mehrere hundert Menschen starben. Die russische Besatzungsverwaltung ließ später die Leichen in ein Massengrab werfen und die Ruinen des Gebäudes vollständig abtragen.

Ende März 2022, als die russischen Einheiten aus dem Kyjiwer Vorort **Butscha** vertrieben wurden, hinterließen sie über 400 getötete ZivilistInnen in Massengräbern und auf den Straßen der Stadt, mehrere von ihnen mit Folterspuren. Das wiederholte sich in weiteren ukrainischen Orten.

Es mehrten sich Berichte über Verbrechen von russischen Armeeangehörigen gegen ukrainische SoldatInnen und Zivilpersonen. Willkürliche Tötungen, Entführungen, Folter, Vergewaltigungen von Erwachsenen und Kindern fanden seit den ersten Kriegstagen statt. Sie waren keine beiläufigen Handlungen russischer Kämpfer, sondern gezielte Gewaltakte zur Einschüchterung der UkrainerInnen, eingesetzt als Kriegswaffe. Russische Soldaten plünderten ukrainische Häuser, Produktions- und Kulturstätten, raubten Wertgegenstände und Haustechnik, verschleppten Kinder.

Das Ausmaß an russischen Gräueltaten, welches auf eine politisch gewollte Strategie hindeutete, offenbarte mangelnde Friedensbereitschaft der Russischen Föderation. Russische Kriegshandlungen zielten auf die Auslöschung der ukrainischen Identität und der Ukraine als einen unabhängigen Staat.

Anfang April publizierte die staatliche Russische Agentur für internationale Informationen, RIA Nowosti, einen programmatischen Text eines russischen Politologen *„Was Russland mit der Ukraine tun sollte"*. In einer Mischung aus Geschichtsrevisionismus und Genozid-Fantasien griff das Manifest die Schlüsselbegriffe der staatlichen Linie der „Entnazifizierung" und „Entmilitarisierung" auf, beschimpfte die UkrainerInnen ähnlich der altsowjetischen Propaganda als „Bander'sche Nazis" und sprach ihnen das Existenzrecht ab.

„Die Ent-Banderisierung an sich wird nicht ausreichen, um die Ukraine zu entnazifizieren – das Bander'sche Element ist nur Erfüllungsgehilfe und Vorwand, eine Maskierung für das europäische Projekt der Nazi-Ukraine, so dass die Entnazifizierung der Ukraine auch ihre unvermeidliche Ent-Europäisierung ist."
Timofej Sergejzew „Was Russland mit der Ukraine tun sollte", RIA Nowosti, 3. April 2022 (Blätter für deutsche und internationale Politik 2022)

Am 13. April griff eine ukrainische Rakete in einer trickreichen Aktion das russische **Flaggschiff „Moskwa"** an, einen Tag nachdem die Ukrainische Post eine Briefmarke mit dem abgebildeten ukrainischen Soldaten, welcher dem Schiff „Moskwa" den Mittelfinger zeigt, herausgab. Die „Moskwa", das größte Kriegsschiff in der Schwarzmeerregion, sank am Tag danach.

Die russisch-ukrainischen Friedensverhandlungen kamen schließlich im April 2022 zum Stillstand.

Die russische Invasion 2022 zwang mehr als 13 Mio. Menschen – ein Drittel der ukrainischen Bevölkerung – zur Flucht. Von ca. 5 Mio. registrierten ukrainischen Kriegsvertriebenen in Europa 2022 (über 80 % Frauen und Kinder) hat Polen die höchste Zahl an Geflüchteten, mehr als 1,5 Mio., aufgenommen, Deutschland mit ca. 1 Mio. Menschen die zweithöchste.

Hundertausende Menschen aus der Ukraine wurden in der Russischen Föderation als Neuankömmlinge registriert. Schätzungen gehen darüber auseinander, wie viele von ihnen Russland als Einreiseziel freiwillig wählten oder dazu gezwungen wurden.

Nach offiziellen ukrainischen Angaben wurden in den ersten Monaten der russischen Okkupation mindestens 20.000 ukrainische Kinder von ihren Familien getrennt oder aus Betreuungseinrichtungen entführt und nach Russland deportiert. Sie wurden anschließend zur Adoption freigegeben oder in russischen Lagern untergebracht, oft unter geänderten Namen, was ihre Wiederauffindung erschwert.

Um der russischen Kriegswirtschaft Einnahmen zu entziehen, beschloss die Europäische Union Ende Mai ein schrittweises Ölembargo (= ein Verbot der Öleinfuhren in die EU) aus Russland, jedoch mit Ausnahmen unter anderem für Ungarn und die Slowakei. Mehrere europäische Staaten versuchten nun ihre Abhängigkeit vom russischen Gas zu reduzieren. Bereits im Februar untersagte die Union Transaktionen mit den Geldreserven der russischen Zentralbank, somit wurden russische Vermögenswerte in der EU von ca. 210 Mrd. € „eingefroren". Es folgten weitere Sanktionspakete der EU und anderer westlicher Länder.

Am 23. Juni 2022 gewährte die EU der Ukraine den Status eines Beitrittskandidaten auf Antrag des ukrainischen Präsidenten Selenskyj vom 28. Februar 2022.

Im April 2022 kam erstmalig auf Initiative der USA eine Kontaktgruppe zur Koordination der militärischen und zivilen Unterstützung der Ukraine, *Ukraine Defense Contact Group, UDCG*, auf dem US-Stützpunkt im deutschen Ramstein zusammen. Diese „**Ramstein-Gruppe**" umfasste VertreterInnen von mehr als 50 Staaten, die unter anderem im Rahmen der sogenannten Koalitionen die Unterstützung für die Ukraine im Bereich von Artillerie, Luftwaffe, Luftabwehr, Panzern, Drohnen, Entminung und IT/Cyberabwehr beisteuerten.

Nach dem Beginn der großflächigen Invasion blockierte Russland mit seiner Marine die ukrainischen Schwarzmeerhäfen, sodass bis Sommer 2022 keine Agrartransporte die Ukraine verlassen konnten. Die Ukraine mit ihren fruchtbaren Schwarzerdeböden gilt seit jeher als „Kornkammer Europas" und war vor 2022 mengenmäßig weltweit Nummer 1 in der Produktion von Sonnenblumenöl, Nummer 5 bei Mais und Nummer 6 bei Weizen. Länder in Afrika und Asien sind auf ukrainische Agrarerzeugnisse angewiesen.

Im Juli 2022 wurde unter Vermittlung der Vereinten Nationen und der Türkei ein sogenanntes *„Getreideabkommen"* abgeschlossen, wonach Russland seine Seeblockade für ukrainische Getreideschiffe teilweise aufhob. Die Ukraine exportierte 2022 um ein Viertel weniger Getreide als noch ein Jahr zuvor. Ein Teil der Erträge wurde durch Kriegshandlungen zerstört, nicht abgeerntet oder von Russland abgeerntet und gestohlen. Den Getreideraub hatte der Kreml im Voraus geplant. Bereits im Dezember 2021 hatte die russische Armee Getreide-Lastwägen sowie drei Getreide-Schiffe erworben und begann mit dem koordinierten Abtransport von Lebensmitteln gleich in der ersten Woche der Invasion.

Im Laufe des Jahres 2022 reduzierte Russland mehrmals mutwillig die exportierte Gasmenge nach Europa, wie auch schon 2021, und legte im Sommer 2022 die Nord-Stream-Pipelines still. Im September 2022 haben Unbekannte beide Stränge von Nord Stream 1 und einen Strang von Nord Stream 2 gesprengt. Sie wurden nicht repariert.

Die gezielt unregelmäßigen Energielieferungen sowie die Getreideblockade durch Russland befeuerten weltweit die Inflation, die bereits 2021 am Ende der COVID-19-Pandemie eingesetzt hatte. Insbesondere Preise für Energie und Lebensmittel stiegen massiv in Europa und der Welt.

2.5   Die Ukraine in der Gegenoffensive (Herbst 2022 bis Ende 2023)

Dank dem starken Widerstandswillen der ukrainischen Bevölkerung und der politischen Führung, taktischer Effizienz der ukrainischen Armee, ausländischen Waffenlieferungen sowie der Übermittlung von Aufklärungsdaten seitens der USA und der NATO konnte die Ukraine im ersten, äußerst kritischen, Halbjahr des vollumfänglichen Krieges die zahlenmäßig überlegenen russischen Angreifer aufhalten.

Russland verfügte über viel größere Mengen an schweren Waffen und Militärtechnik als die Ukraine, z. B. machte sein Artillerievorteil an der Front je nach Frontabschnitt mehr als 1:20 aus (TYSHCHENKO 2022). Das bedeutet, dass auf zwanzig russische Artilleriegeschosse die ukrainische Armee mit nur einem antworten konnte. In den ersten Kriegsmonaten stärkten ausländische Partner die ukrainische Verteidigung mit westlichen Artilleriesystemen, die meisten davon lieferten die USA, insgesamt ca. 2 % ihrer Vorräte, Tschechien lieferte ca. 30 % seiner

Artilleriesysteme, Großbritannien über 20 %. Australien, das weder der NATO angehört noch räumlich betroffen ist, stellte der Ukraine Artilleriegeschütze und gepanzerte Transportfahrzeuge zur Verfügung. Polen, Tschechien und Bulgarien schickten T-72 Kampfpanzer aus der sowjetischen Zeit.

Am 29. August 2022 startete die ukrainische Armee eine Gegenoffensive in der Region Cherson („**Cherson-Gegenoffensive**") und in der Region Charkiw. Bis Mitte November befreite sie insgesamt über 40.000 km², also 39 % der Territorien, welche die Russen nach dem 24. Februar okkupierten (28 % der nach dem 20. Februar 2014 russisch okkupierten Territorien), darunter die Stadt Cherson, Teile der Regionen Mykolajiw und Charkiw. Ca. 108.600 km², das heißt 18 % der Ukraine blieb unter russischer Besatzung.

Am 21. September erklärte der Kremlchef Putin eine Teilmobilmachung in Russland, was eine Massenflucht junger russischer Männer ins Ausland verursachte. Ende des Monats führte die russische Besatzungsverwaltung auf den okkupierten ukrainischen Territorien Pseudoreferenden für den „Anschluss" an die Russische Föderation durch, ähnlich wie 2014 auf der Krim (mit gesetzlicher Eingliederung im Oktober 2024).

Nach der Zurückdrängung durch die ukrainische Armee und massiven Verlusten an der Front begann Russland im Herbst 2022 den gezielten Beschuss der ukrainischen Energieinfrastruktur. Selbst bei enormer Anstrengung und sogar Abschuss von als „unverwundbar" geltenden russischen Raketen „Kinschal" (erstmalig im Mai 2023) fehlten der Ukraine Flugabwehrsysteme, um alle russischen Raketen, Gleitbomben sowie Angriffsdrohnen aus iranischer Entwicklung „Shahed" und ihre russischen Nachbauten wie „Geran" abzuschießen.

Die durch russische Attacken verursachten Stromausfälle im Herbst-Winter 2022 2023 in ukrainischen Haushalten, Krankenhäusern und Industrie dauerten oft mehrere Tage. Millionen Menschen in der Ukraine mussten zeitweise ohne Strom, Wasser und Heizung ausharren.

Der russische Terror gegen die ukrainische Zivilbevölkerung bewog das Europäische Parlament, in der Entschließung vom 23. November 2022 die Russische Föderation zum staatlichen **Terrorismus-Unterstützer** zu erklären.

Im Eurobarometer, einer EU-weiten Umfrage, befürworteten drei Viertel der EU-BürgerInnen die militärische, finanzielle und humanitäre Hilfe für die Ukraine und insbesondere die Sanktionen gegen Russland (Europäisches Parlament 2023).

Ende 2022 beschlossen die EU, G7 und Australien einen „**Preisdeckel**" für russisches Rohöl: Der Öltransport auf See und entsprechende Dienstleistungen wie Versicherung wurden nur unter der Bedingung erlaubt, dass das transportierte Öl die Preisobergrenze von 60 US-Dollar pro Barrel nicht übersteigt.

Den ukrainischen Streitkräften gingen inzwischen die ohnehin knappen Waffen-vorräte, zum größten Teil noch aus sowjetischer Produktion, aus. Die Umstellung auf moderne Waffen nach dem NATO-Standard und vor allem der Erhalt westlicher Angriffswaffen wurde immer dringender. Mit der erfolgreichen Cherson-Gegenoffensive konnte die Ukraine ihr militärisches Geschick, wie auch den Im-provisationsgeist bei der Integration der vielen völlig unterschiedlichen Waffen-systeme der Unterstützernationen beweisen.

Währenddessen dauerte in Deutschland, das mittlerweile zum zweitgrößten Ukraine-Unterstützter nach den USA wurde, eine gesellschafts-politische Debatte an, ob das Land der angegriffenen Ukraine auch Angriffswaffen, insbesondere Kampfpanzer vom Typ Leopard 2, liefern solle. Bundeskanzler Olaf Scholz von der Sozialdemokratischen Partei Deutschlands, SPD (2021–2025) verfolgte eine vorsichtig abwartende Strategie.

Beim Treffen der Ramstein-Gruppe Ende Jänner 2023 vollzogen die westlichen Länder eine Kehrtwende und sagten der Ukraine in einem großen Militärhilfspaket endlich schwere westliche Waffen zu. Auf ihren Druck hin sicherte Deutschland der Ukraine anschließend 14 „Leoparden" zu sowie gestattete anderen Ländern im Besitz dieser Panzer ihre Weitergabe an die ukrainische Armee. Großbritannien versprach Kampfpanzer des Typs Challenger 2.

Jedoch verbot Deutschland neben anderen Ländern wie die USA, Groß-britannien, Frankreich und Belgien die Verwendung ihrer Waffen gegen Ziele auf dem russischen Territorium. Auch die von Kyjiw angefragten Kampfjets blieben verwehrt.

Auf Grund bürokratischer Hürden und logistischer Verzögerungen seitens der Geberländer kamen die zugesagten Militärgüter teilweise zu spät oder gar nicht an, sodass die neue, lang erwartete ukrainische Gegenoffensive unter der Führung von General Walerij Saluschnyj (Armeechef der Ukraine 2021–2024, seit Mai 2024 Botschafter in Großbritannien) erst Anfang Juni 2023 startete.

Kurz darauf wurde am 6. Juni 2023 das von der russischen Armee kontrollierte **Kachowka Wasserkraftwerk** in der Nähe von Cherson am Fluss Dnipro ge-sprengt. Der dazu gehörende Staudamm brach zusammen, Wassermengen aus dem Stausee überfluteten große Flächen flussabwärts. Der Dammbruch verursachte eine ökologische und humanitäre Katastrophe in den Gebieten unter ukrainischer sowie unter russischer Kontrolle. Er machte diesen Frontabschnitt praktisch unpassierbar.

Ab dem Sommer 2023 fanden in russisch besetzten Gebieten, in angrenzenden russischen Regionen, aber auch in der russischen Hauptstadt Moskau und tief im russischen Hinterland vermehrt ukrainische Drohnenangriffe auf militärische

Infrastruktur (Waffenlager, Militärflugplätze) und Ölraffinerien statt. Der Krieg kam nun auf russischem Boden an.

Unterdessen übte Jewgeni Prigoschin, Anführer der größten russischen Schattenarmee „Gruppe Wagner", die in der Ukraine seit 2014 kämpfte, Kritik an schlechter militärischer Führung Moskaus. Ende Juni 2023 besetzten Wagner-Söldner die russische Grenzstadt Rostow, ein Teil marschierte Richtung Moskau. Nach Verhandlungen mit dem Kreml beendete Prigoschin den **Aufstand** ergebnislos und zog sich mit seinen Kämpfern nach Belarus zurück. Ende August wurde er bei einem Flugzeugabsturz nahe Moskau getötet. Die Wagner-Truppe wurde 2024 in die Militäreinheit „Afrikakorps" der russischen Streitkräfte integriert.

Im Juli 2023 lehnte Moskau die Verlängerung des Getreideabkommens vom 2022 ab. Kurz danach begann Russland, ukrainische Getreidelager und Hafeninfrastruktur in Odesa am Schwarzen Meer sowie in Ismajil an der Donau nahe der rumänischen Grenze zu bombardieren. Gleichzeitig steigerte die RF Nahrungsmittelexporte nach Afrika und Asien, um die Entwicklungsländer mit billigem Getreide als Ersatz für die ausgefallenen ukrainischen Lieferungen in Abhängigkeit zu bringen.

Während der russischen Meeresblockade seit 2022 nutzte die Ukraine alternative Transportmöglichkeiten mit Eisenbahn und LKWs über Europas Landweg sowie über die Donau. Diesen sogenannten „Solidaritätskorridor" ermöglichte die EU durch die Aufhebung von Handelseinschränkungen und Zöllen für ukrainische Lebensmittel. Die Nachbarstaaten der Ukraine konnten die gestiegenen Mengen importierten ukrainischen Getreides schlecht managen, Ende 2022-Anfang 2023 kam es zu Protesten der Bauern vor allem in Polen. Darauf verboten 2023 zuerst die Nationalregierungen und dann die EU selbst teilweise die Einfuhr ukrainischer Agrarprodukte nach Polen, Ungarn, Slowakei, Bulgarien, Rumänien und in die Slowakei.

Die Beseitigung der russischen Gefahr aus dem Schwarzen Meer war dringend notwendig. Mit Überwasser-Drohnen aus ukrainischer Produktion zerstörte bzw. beschädigte das ukrainische Militär Dutzende russische Schiffe, seit dem Februar 2022 insgesamt über ein Drittel der russischen Schwarzmeerflotte, sodass diese sich bis Ende 2023 aus dem Schwarzen Meer komplett zurückziehen musste.

Im September 2023 besuchte der Diktator des kommunistischen Nordkoreas Kim Jong Un Moskau. Ab diesem Zeitpunkt lieferte Nordkorea dem Kreml Hunderte Schiffscontainer mit Artilleriemunition, Raketen und sonstigen militärischen Gütern (Tom Balmforth 2025).

Die ukrainische Bodenoffensive kam indes unter anderem auf Grund starker russischer Verminung des Bodens, neu errichteter russischer Befestigungsanlagen mit Schützengräben und Panzersperren entlang der gesamten Frontlinie sowie der Verzögerungen westlicher Waffenlieferungen bis November 2023 zum Erliegen.

Russlands völkerrechtswidriger Angriffskrieg bewog die bis dahin neutralen Staaten Schweden und Finnland, ihre Neutralität aufzugeben und Beitrittsgesuche zur NATO einzureichen. Anfang April 2023 wurde Finnland offiziell zum 31. Mitglied des westlichen Verteidigungsbündnisses, im März 2024 Schweden zum 32. Mitglied.

Auch die Ukraine stellte im September 2022 einen Antrag auf einen (beschleunigten) NATO-Beitritt. Die vormals gesetzlich verankerte Bündnisfreiheit beendete das Land bereits im Dezember 2014 nach der Krim-Annexion und Okkupation des ukrainischen Ostens durch die Russische Föderation. Innerhalb der NATO kam keine Einigkeit über die Ukraine-Mitgliedschaft zustande.

2.6   Zermürbend, hybrid (2024)

Nach dem Scheitern der zweiten ukrainischen Gegenoffensive im Herbst 2023 intensivierte die Russische Föderation ihren Ansturm im Osten der Ukraine. Die russische Kriegstaktik war, Ortschaften bis zur völligen physischen Zerstörung zu beschießen und so die ukrainische Verteidigung zurückzudrängen. Die Besatzer nahmen letztlich nur noch verwüstete Orte ohne funktionierende Infrastruktur ein.

Größere Truppenbewegungen bzw. Vormarsch wurden immer seltener, da immer lebensgefährlicher. Im ersten Drohnenkrieg der Menschheitsgeschichte entstanden zwischen ukrainischen und russischen Stellungen „Todeszonen" von 10 km-Breite und mehr – Landstriche, die mit Drohnen überwacht und beschossen werden und daher kaum begehbar sind. Trotz erbitterter Kämpfe blieben wesentliche Verschiebungen der über 3000 km-langen russisch-ukrainischen Frontlinie aus.

Im Nachhinein betrachtet ging der russische Überfall auf die Ukraine bereits nach der ersten ukrainischen Gegenoffensive Ende 2022 in einen Zermürbungs- bzw. Abnutzungskrieg über, der die Kräfte des Gegners mit verschiedenen Mitteln so lange beansprucht soll, bis dieser den Kampf aufgibt.

Die größten Umbrüche fanden inzwischen nicht am Schlachtfeld, sondern in den Köpfen, vor allem denen der europäischen politischen Führung, statt.

Während der Präsidentschaft Joe Bidens von der Demokratischen Partei 2020–2024 waren die USA stets der größte Lieferant von Militärhilfe für die Ukraine. Doch Ende 2023 – Anfang 2024 wurde das geplante Hilfspaket von rund

60 Mrd. US-Dollar mehrere Monate von den Republikanern im US-Kongress blockiert. Die militärische Lage für die ukrainische Armee verschlechterte sich zusehends, Mangel an Ausrüstung schwächte die Kampfmoral und erschwerte die Mobilisierung.

Im Frühling 2024 griff Russland erneut die ukrainische Energieinfrastruktur an und zerstörte bzw. beschädigte mehrere ukrainische Kraftwerke, so wurde im April das Trypilska Wärmekraftwerk nahe Kyjiw komplett zerstört, das Dnipro-HES Wasserkraftwerk – das größte in der Ukraine – stark beschädigt und außer Betrieb gesetzt. Durch russischen Beschuss der Satelliten-Anlagen entstanden Störungen bei mehreren ukrainischen Fernsehsendern. Nach einem Raketentreffer stürzte der Fernsehturm in Charkiw, der zweitgrößten Millionenstadt der Ukraine (nach Kyjiw) ein.

Am 10. Mai 2024 begann die russische Armee eine **Offensive auf Charkiw**, einerseits mit Bodentruppen, andererseits mit massivem Beschuss aus den angrenzenden russischen Territorien, ohne Gegenfeuer mit westlichen Waffen befürchten zu müssen. Erst danach erlaubten die USA und Deutschland der Ukraine, westliche Waffen auch für Ziele auf dem russischen Territorium einzusetzen, jedoch nur in grenznahen Regionen.

In diesen Auflagen sahen BeobachterInnen politisches Kalkül vor allem der USA und Deutschlands, die aus Befürchtung vor einer „Eskalation" seitens der Atommacht Russland nur so viel Hilfe leisteten, dass die Ukraine nicht gänzlich verlöre, aber gegen Russland jedenfalls nicht gewinnen bzw. die russische Armee aus der Ukraine nicht vertreiben kann.

Die Drohung des Kremls mit Atomwaffen bei Überschreitung irgendwelcher „roten Linien", eine altbekannte Bluff-Taktik der russischen Politik und der psychologischen Kriegsführung zur Erpressung der Gegenseite, war besonders wirksam in Deutschland und den USA, wo „Eskalation" und „Atomschlag" als Triggerwörter wirken.

Mit Hilfe westlicher Waffen und den ersten von den Niederlanden und Dänemark gelieferten F-16 Kampfjets stoppte die Ukraine im Sommer 2024 die russische Offensive auf Charkiw.

Am 6. August 2024 gelang den ukrainischen Streitkräften ohne großen Widerstand vorzufinden ein Vorstoß in die westrussische Region **Kursk** bis inklusive der Stadt Sudscha. Das ca. 1300 km² besetzte russische Territorium diente laut Oleksandr Syrskyj, Armeechef der Ukraine seit Februar 2024, als vorübergehende Pufferzone. Bis April 2025 zog sich die ukrainische Armee aus Russland zurück.

Im Oktober 2024 wurde bekannt, dass Nordkorea zusätzlich zu Waffen auch Soldaten nach Russland schickte. Ca. 11.000 nordkoreanische Armeeangehörige kämpften bald für Russland in der Region Kursk.

Erst nach dieser Eskalation seitens der RF sowie erneuten umfassenden Raketen- und Drohnenattacken auf die gesamte Ukraine gestatteten die USA, das Vereinigte Königreich, Deutschland und Frankreich im November 2024 den Einsatz ihrer Waffen auch gegen ferner gelegene russische Ziele. Staaten wie Kanada, Finnland, Schweden, Polen, Litauen usw. haben hingegen auch schon früher die Position vertreten, dass die Ukraine im Rahmen des Selbstverteidigungsrechts nach dem Völkerrecht militärische Ziele selbst tief innerhalb Russlands angreifen darf.

Im Dezember 2024 kam eine feindliche hybride Aktion Russlands gegen Rumänien ans Tageslicht: Gravierende russische Einmischung verhalf dem zuvor völlig unbedeutenden pro-russischen Kandidaten Calin Georgescu zum Erfolg bei den Präsidentschaftswahlen. Das rumänische Verfassungsgericht annullierte die Wahl.

Spätestens seit Wladimir Putins Brandrede auf der Münchner Sicherheitskonferenz 2007 mit heftiger Kritik am Westen führte Moskau einen systematischen, doch meistens unbemerkten **hybriden Krieg** gegen demokratische Gesellschaften. Dazu zählten einerseits aktive gewaltsame Handlungen wie Sabotage, (versuchte) Mordanschläge sowie Cyberangriffe auf kritische Infrastruktur im Westen. Andererseits setzte Putin, ein ehemaliger KGB-Offizier, auf die Geheimdienst-Methoden der „active measures" wie Informationskrieg, also Verbreitung von Propaganda und Falschmeldungen, und Verstärkung lokaler destruktiver Kräfte bzw. rechtsextremer und linksextremer Strömungen.

Im Krieg gegen die Ukraine, besonders nachdem der russische Vormarsch stockte, intensivierte der Kreml hybride Angriffe, um die Bevölkerung zu verwirren, ihr Vertrauen in staatliche Institutionen zu untergraben und dadurch die westliche Unterstützung für die Ukraine, vor allem die Waffenhilfe, zu schwächen.

Durch geheime Kampagnen versuchte Russland 2024 in Belgien und Tschechien die Wahlen zum EU-Parlament sowie in den USA die Präsidentschaftswahlen zu beeinflussen, warb in Deutschland für die rechtsradikale Partei Alternative für Deutschland, AfD, und das linksradikale Bündnis Sahra Wagenknecht.

Im Auftrag der russischen Geheimdienste wurde ein Einkaufszentrum im polnischen Warschau in Brand gesteckt; in Leipzig (Deutschland), Birmingham (Großbritannien) und Warschau gingen DHL-Versandpakete in Flammen auf. Ein geplanter Mordanschlag auf den Vorstandschef des deutschen Rüstungskonzerns Rheinmetall, Armin Papperger, wurde vereitelt.

Fälle der Sabotage und Beschädigung von Infrastruktur, Raffinerien, Militärbasen, Unterwasserkabeln in der Ostsee usw. wurden aus Norwegen, Großbritannien, Lettland, Litauen, Polen, Deutschland, Estland, Finnland usw. gemeldet. Für Anschläge nutzten russische Geheimdienste oft „Wegwerf-Agenten" oder „Low-Level-Agenten" – Privatpersonen, oft sehr junge, die gegen Bezahlung einen Auftrag übernehmen, ohne dessen genauere Hintergründe zu kennen.

Für Brandlegung der Bahninfrastruktur, Anzünden von Militärfahrzeugen und sonstige Terroranschläge in der Ukraine warben Russen sogar 13-jährige Kinder an.

Erst verspätet begannen westliche Regierungen, Monitoring- und Abwehr-mechanismen, insbesondere gegen die russische Desinformation, aufzubauen. So wurden in der EU russische Propaganda-Medien wie „Russia Today" und „Sput-nik" (2022), „Voice of Europe", „Ria Nowosti", „Iswestija" und „Rossijskaja ga-seta" (2024) verboten, und Sanktionen gegen Personen und Organisationen er-lassen, welche die Verbreitung russischer Desinformation förderten. Ähnliche Maßnahmen trafen andere demokratische Staaten.

Die Bemühungen der EU, die Finanzierung der russischen Kriegsmaschinerie aus dem Gas- und Ölgeschäft durch Sanktionen einzudämmen, zeigten indes ei-nige Wirkung. Der russische Energiekonzern Gazprom meldete für 2023 den ersten Verlust seit 1999 in Höhe von 6,1 Mrd. US-Dollar, für 2024 sogar 12,89 Mrd. US-Dollar (Moscowtimes.ru 2025). Die „Schattenflotte" von ca. 500 Schiffen, die Russland bis 2024 für die Umgehung der Öl-Sanktionen aufgebaut hatte, lieferte weniger Einnahmen als der reguläre Öltransport vorher.

Die Ukraine wusste ob der Bedeutung russischer Energieexporte für die Kriegs-kassa und griff vermehrt russische Gas- und Ölindustrieanlagen mit Drohnen an, allein 2024 über 60 Mal.

Weiters beschloss die EU 2024, die Zinserlöse aus den eingefrorenen Geldern der russischen Zentralbank – allein 2023 waren das 4,4 Mrd. € – nun der Ukraine für die Verteidigung und den Wiederaufbau zur Verfügung zu stellen.

Der menschenverzehrende Vormarsch 2024 brachte Moskau die Kontrolle über zusätzliche ca. 4200 km^2 – weniger als 1 % ukrainischen Bodens – und verursachte ca. 420.000 tote und verwundete Militärangehörige auf russischer Seite, darunter unverhältnismäßig viele Angehörige ethnischer Gruppen wie die Baschkiren und Burjaten. Somit „kostete" die Eroberung des ukrainischen Landes 2024 Russland ca. 100 Soldaten pro Quadratkilometer, mit Verlusten bis über eineinhalb Tausend Menschen täglich.

Doch Proteste gegen den Krieg waren nicht nur innerhalb der Russischen Föde-ration, sondern auch bei den im Ausland lebenden RussInnen rar. Viele von ihnen sahen den von Russland angefangenen genozidalen Krieg als eine tragische Ge-gebenheit, für welche sie keine Verantwortung trügen.

Wirtschaftliche Probleme wie steigende Inflation (im Juli 2024 9,1 %), hoher Leitzins (im Oktober 2024 21 %), Arbeitskräftemangel, Sprit-Engpässe (nach uk-rainischen Drohnenattacken auf Ölverarbeitung) usw. nahm der Kreml in Kauf.

Teile der russischen Bevölkerung halten den Krieg gegen die Ukraine für richtig bzw. notwendig, diese Einstellung wird durch die aggressive ukrainophobe und anti-westliche Hetze staatlicher Medien zusätzlich angeheizt. Die Russische Orthodoxe Kirche sprach sogar befürwortend von einem „heiligen Krieg" zwischen dem „**Russki mir**" und dem „satanischen Westen" (Russischer Welt-Volksrat 2023).

Die Ideologie des „Russki mir" (= russische Welt) predigt die Auserwähltheit der russischen Nation und ihr Recht, über das Schicksal anderer Länder zu bestimmen. ExpertInnen sehen darin den Ausdruck des **Ruschismus** (Russland + Faschismus).

Die RF hatte auf Kriegswirtschaft umgestellt. Sie bekam Unterstützung von anderen autoritären Staaten, wie Nordkorea (Munition und Soldaten), Belarus (Bereitstellung des Staatsgebiets für Angriffe gegen die Ukraine), Iran (Lieferung von Kampfdrohnen samt Technologie), China (Abnahme von russischem Öl und Gas sowie Lieferung von Dual-Use-Gütern, wie Werkzeugmaschinen, Mikroelektronik und Chemikalien, die für die Herstellung von Munition und Raketentreibstoff unerlässlich sind).

2.7   Peace washing (2025)

Ende 2024 wählten die USA Donald Trump zum Präsidenten. Vor dem Amtsantritt im Jänner 2025 versprach Trump, den russisch-ukrainischen Krieg „binnen 24 h" zu beenden, zur Not durch die Streichung der Ukraine-Hilfe oder durch deren Erhöhung. Trumps übertreibende Sprache und widersprüchliches Handeln waren bereits aus seiner ersten Amtsperiode 2016–2020 bekannt.

In den folgenden Monaten bestimmten persönliche Sympathie zum russischen Machthaber Putin, „Dealmaking" bzw. Eigennutz, sowie die Machtpolitik, also das Recht des Stärkeren außerhalb ethischer Überlegungen, Trumps Bemühungen um einen „Frieden" zwischen Russland und der Ukraine.

Sein Vorgehen schien auf der Annahme zu gründen, dass ein Konflikt bzw. ein Krieg zwischen einem „starken" und einem „schwachen" Beteiligten dann zu Ende geht, wenn der Stärkere beschwichtigt und der Schwächere unter Druck gesetzt werden.

Deswegen unterschied sich die US-amerikanische Verhandlungstaktik für einen „Friedensdeal", so die Ausdruckweise des US-Präsidenten und seiner Vertrauten, gegenüber der in seinen Augen „schwachen" Ukraine und dem „starken" Russland deutlich.

Den ukrainischen Präsidenten Wolodymyr Selenskyj beschimpfte Trump als „Diktator", bezichtigte ihn der Undankbarkeit beim ersten persönlichen Treffen im Oval Office des Weißen Hauses im Februar 2025, verlangte Zugeständnisse zugunsten Russlands bzw. Abtretung ukrainischer Territorien und Bezahlung für die geleistete US-amerikanische Hilfe (z. B. im Rahmen eines Rohstoffabkommens), warf ihm vor, den Krieg nicht beenden zu wollen, usw.

Ab Jänner 2025 bewilligten die USA keine neue Ukraine-Hilfe, bereits beschlossene Hilfsmaßnahmen wurden immer wieder verzögert oder zurückgehalten.

Zu Russland äußerte sich die US-Regierungsspitze mild, ohne Verurteilung seiner kriegerischen Handlungen. Die schärfste Bezeichnung Trumps für den russischen Präsidenten Putin war „völlig verrückt" und für Russland – „Papiertiger", den russischen Raketenangriff auf das ukrainische Sumy mit 36 Toten im April 2025 nannte Trump ausweichend „einen Fehler".

Die Reaktion der Ukraine und Russland auf Initiativen der Vereinigten Staaten 2025 fielen unterschiedlich aus. Die Ukraine zeigte sich kooperativ, ging auf Vorschläge der USA zum (bedingungslosen) Waffenstillstand ein, nahm angebotene Treffen und Telefonate wahr, unterzeichnete am 30. April nach Adaptionen schließlich das Rohstoffabkommen.

Moskau verfolgte eine Verzögerungs- und Ausweichtaktik, änderte Abmachungen, stellte immer neue Bedingungen, schickte zu vereinbarten Treffen Delegationen von niederrangigen Teilnehmern ohne Entscheidungskompetenzen, hielt die zugesicherte Waffenruhe nicht ein, verübte just zeitnah zu wichtigen Friedensmeetings die tödlichsten Attacken auf ukrainische Städte usw.

2025 gab es mehrere Treffen zwischen Trump und Selenskyj, zwischen Trump und Putin auf Alaska, zwischen der US-amerikanischen und der ukrainischen, sowie zwischen US-amerikanischen und russischen Delegationen in Riad, Saudi-Arabien, zwischen dem US-Sondergesandten Witkoff und Putin in Moskau, zwischen ukrainischen und russischen Delegationen in Istanbul, Türkei.

Nach einer weiteren Verhandlungsrunde in Istanbul Anfang Juni bestätigte Dmitri Medwedew, Vizechef des russischen Sicherheitsrates, auf seinem Telegram-Kanal die russische Ablenkungstaktik des „Peace Washing": Die Verhandlungen in Istanbul seien nicht für einen „Kompromissfrieden" notwendig, sondern für den „baldigen Sieg" Russlands (Medwedew 2025). Moskau setzte Diplomatie als Kriegswaffe ein.

Währenddessen gingen russische Kriegshandlungen in unverminderter Intensität weiter. Es gab lediglich Verschiebungen in der Art der Angriffe, z. B. weniger Angriffe auf ukrainische Energieanlagen während der sogenannten „30-tägigen-Feuerpause im Energiesektor" im März-April mit gleichzeitig vermehrten Angriffen auf sonstige zivile Infrastruktur der Ukraine.

Am 1. Juni 2025 gelang es dem ukrainischen Sicherheitsdienst, SBU, durch einen lang geplanten Drohnenangriff auf fünf Militärflugplätze Russlands unter dem Decknamen „**Operation Pawutyna**" (= Spinnennetz) mehrere Dutzend Kampfflugzeuge, darunter sogenannte strategische Bomber für den Einsatz von Nuklearwaffen, zu zerstören bzw. zu beschädigen. Je nach Schätzung hat die Ukraine dabei bis zu 41 Flugzeuge und damit bis zu einem Drittel der Langstreckenflotte der Russischen Föderation getroffen.

Mittlerweile stellte die Ukraine 30 % bis 40 % der eingesetzten Waffen und Kriegsgeräte, davon Drohnen zu fast 100 %, selbst her (Balachuk 2025). Nach dem Wegfall der US-amerikanischen Ukraine-Hilfe Anfang 2025 deckten europäische Länder die entstandene finanzielle Lücke größtenteils.

Die benötigten US-amerikanischen Waffen für die Ukraine kauften NATO-Staaten von den USA im Rahmen der im Juli beschlossenen NATO-Initiative *Prioritized Ukraine Requirements List, PURL*. Bis August sagten dafür Belgien, Dänemark, Deutschland, Kanada, Lettland, die Niederlande, Norwegen und Schweden die Gelder zu.

Insgesamt hat Europa bis August 2025 177 Mrd. € an Hilfsmitteln für die Ukraine bereitgestellt (davon Deutschland 38,2 Mrd. €, Frankreich 21 Mrd. € und Großbritannien 18,6 Mrd. €), die USA 114 Mrd. €. Zum Vergleich: Die EU zahlte bis dahin 357 Mrd. Euro Finanzhilfen im Rahmen des COVID-19 Konjunkturprogramms *Next Generation EU* an die Mitglieder. Im Verhältnis zur Wirtschaftsleistung, gemessen als Anteil am Landes-BIP 2021, halfen am meisten Dänemark (3,4 %) und Estland (3,3 %) (The Ukraine Support Tracker 2025).

Außer militärischer, finanzieller und humanitärer Hilfe, Aufnahme von kriegsvertriebenen UkrainerInnen und Sanktionen gegen die russische Kriegswirtschaft, leistete der Westen wertvolle Unterstützung im Rahmen mehrerer Initiativen und Institutionen zur Dokumentation und Verfolgung zahlreicher **russischer Kriegsverbrechen**.

Dokumentierte Kriegsverbrechen der RF umfassen:

- Folter, Verstümmelung, Vergewaltigung, (öffentliche) Hinrichtung von Kriegsgefangenen und ZivilistInnen.
- Errichtung von Folterkammern, willkürliche Festnahmen, Freiheitsentzug ohne Verurteilung von etwa 16.000 ukrainischen ZivilistInnen.
- Deportationen nach Russland, insbesondere Entführung und Deportation von mindestens 20.000 ukrainischer Kinder. 2023 erließ der Internationale Strafgerichtshof, IStGH, einen Haftbefehl gegen Putin und die russische Beauftragte für Kinderrechte Maria Lwowa-Belowa wegen der Organisation von Kinder-Deportationen.
- Umerziehung, Militarisierung, Russifizierung und politische Indoktrinierung ukrainischer Kinder, darunter in gefängnisähnlichen Lagern und mittels paramilitärischer Jugendorganisationen wie „Junge Armee" (Russisch „Junarmija") und als Folge Auslöschung ihrer ukrainischen Identität.
- Plünderungen von Privathäusern, Museen, Betriebsanlagen und öffentlichem Eigentum.

- Einsatz von verbotenen Phosphorbomben und Sprengfallen, Streuung der Antipersonenminen aus der Luft und „Menschensafari" – Jagd auf ZivilistInnen mit Drohnen in frontnahen Regionen.
- Gezielte Angriffe auf zivile Ziele, Krankenhäuser, Energieinfrastruktur, Kraftwerke; Taktik des „Double Tap" (= Doppelschlag), ausgearbeitet beim russischen Militäreinsatz in Syrien: Nach einem Raketen-Erstschlag wird abgewartet, bis Einsatzkräfte eintreffen, dann erfolgt auf diese der Zweitschlag.
- Ökozid – verbrecherische massive bzw. langwierige Schädigung der Umwelt, so die Sprengung des Kachowka Kraftwerkes im Juni 2023 mit Überflutung weiter Gebiete als Folge.
- Missbrauch des russisch besetzten AKW Saporischschja zur nuklearen Drohung.
- Zusätzlich in den russisch okkupierten Teilen der ukrainischen Ostregionen wie Donezk, Luhansk, Saporischschja, Cherson, und auf der Halbinsel Krim:
- Betreiben von Filtrationslagern, in denen UkrainerInnen überprüft und vermeintlich oder tatsächlich russlandkritische Menschen „herausfiltriert" werden.
- Verfolgung von KrimtatarInnen, Geistlichen anderer als der russisch-orthodoxen Konfessionen, sowie von Angehörigen der LGB+.
- Enteignungen des Vermögens Einheimischer und des ukrainischen Staates.
- Zwangsmobilisierung ukrainischer Männer und Jugendlicher für den Kampf gegen die Ukraine.

Die russische Besatzungsverwaltung etablierte auf den ukrainischen Territorien das repressive Rechtssystem der totalitären Russischen Föderation, mit Einschränkungen der Meinungs-, Presse- und Versammlungsfreiheit und konstruierten Gerichtsprozessen gegen Andersdenkende.

Laut der NGO Freedom House, die den Zustand von Demokratie und Freiheit weltweit analysiert, sind die russisch besetzten Gebiete der Ukraine das unfreieste Gebiet der Welt. Abriegelung von Informationen von außen, allumfassende Indoktrinierung, Verbot der ukrainischen Sprache in Schulen und öffentlichem Leben, Denunziantentum, Behördenwillkür und Gewalt schufen hier eine Atmosphäre von Unfreiheit, Angst und Rechtslosigkeit, wie in den dunkelsten Perioden der sowjetischen totalitären Herrschaft. Das führte insgesamt zu einer massiven Verschlechterung der wirtschaftlichen und gesellschaftlichen Lage, zum Bevölkerungsrückgang, Absturz der Geburtenrate, Schließung ukrainischer und ausländischer Firmen, gestiegener Arbeitslosigkeit und Inflation. Leitungswasser wird rationiert, Medikamente sind Mangelware, medizinische Versorgung ist unzureichend, Infektionskrankheiten, insbesondere HIV/AIDS breiten sich aus.

Ende Juni 2025 unterzeichnete die Ukraine und der Europarat ein *Abkommen für ein Sondertribunal für Russlands Verbrechen der Aggression gegen die Ukraine* im Rahmen des Europarats.

Trotz Maßnahmen auf verschiedenen Ebenen eskalierte der Kreml seinen Angriffskrieg gegen die Ukraine, aber auch gegen Europa, weiter.

Im September 2025 nahmen die für Flugsicherheit in Europa gefährlichen Störungen des GPS-Signals in Reichweite entsprechender russischer Technikanlagen signifikant zu. Sie trafen unter anderem den Flug der EU-Kommissionspräsidentin Ursula von der Leyen in Bulgarien, ein Flugzeug aus dem polnischen Gdansk nach Bratislava und den Flug der spanischen Verteidigungsministerin Margarita Robles in der Nähe der russischen Enklave Kaliningrad.

Mehrere russische Drohnen drangen im September in den polnischen Luftraum ein. Wegen wiederholtem Drohnen-Alarm mussten Flughäfen in Deutschland, Polen, Dänemark und Norwegen zeitweise gesperrt werden.

Dreieinhalb Jahre nach dem großflächigen russischen Einmarsch sind ca. 115.000 km^2 – etwa 19 % des ukrainischen Staatsgebiets von 603.628 km^2 – von Russland besetzt. Das ist fast die dreifache Fläche der Schweiz (41.300 km^2). Hundertausende Menschen wurden getötet. Die Abb. 2.3 zeigt den Verlauf des russischen Krieges gegen die Ukraine im Zeitraum Februar 2022 – Oktober 2025.

Russlands Krieg gegen die Ukraine
Verlauf ab 24. Februar 2022 bis Oktober 2025

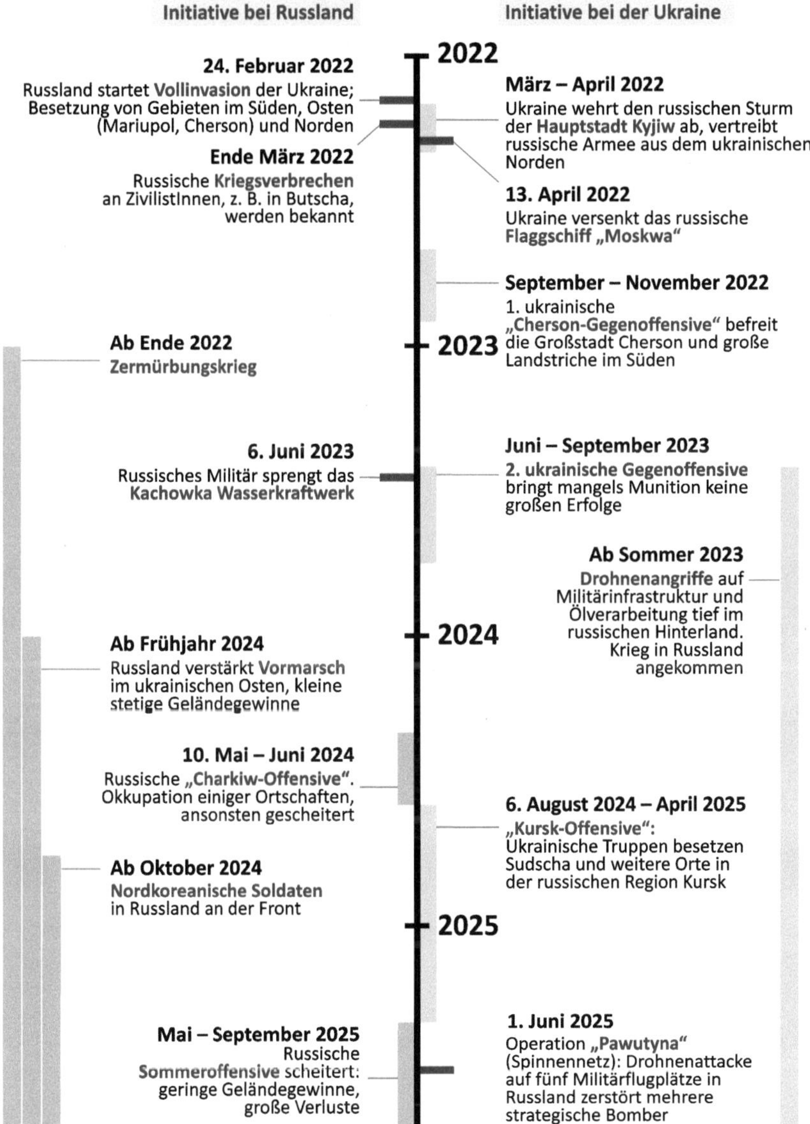

Abb. 2.3   Zeitstrahl des russisch-ukrainischen Krieges Februar 2022–Oktober 2025. Grafik: Oksana Stavrou

Folgen

3

3.1 Die Zukunft des Imperiums

Trotz eindeutiger Anzeichen war es für viele unvorstellbar, dass Russland einen großflächigen Angriffskrieg gegen die Ukraine startet. Entsprechend groß war die Fassungslosigkeit am 24. Februar 2022.

In Folge entstand in den westlichen Gesellschaften eine Diskussion über das „Warum?"

Ein Zugang zu dieser Frage lag in der tiefgehenden Auseinandersetzung mit der Geschichte und der Funktionsweise der politischen und geistigen Eliten Russlands.

Das Staatsgebilde rund um Moskau und St. Petersburg – sei es das Moskauer Reich, die Sowjetunion oder die Russische Föderation – war in den neun Jahrhunderten seiner Existenz fast durchgehend eine Autokratie, in der die Herrschaftsgewalt über die gesetze bestimmte, statt dass Gesetze die Gewalt der Herrscher einschränkten. Es machte nie die Erfahrung einer stabilen, friedlichen, auf sich bezogenen Entwicklung, sondern führte regelmäßig Eroberungskriege und kolonisierte Völker und Nationen, bis es zu einem riesigen Imperium aufquoll, das nur durch enorme Gewalt zusammengehalten werden konnte. In autokratischen, autoritär organisierten Gesellschaften wird das Recht des Stärkeren, Gewalt und ihre extreme Form – Krieg – als selbstverständlich wahrgenommen.

Auch Russlands Krieg gegen die Ukraine unterstützen ausschließlich autoritäre Regime: Belarus, Nordkorea, der Iran, China.

Umgekehrt gilt: Je mehr die gesellschafts-politische Stimmung in einem Land von Demokratie, Menschenrechten und liberalen Freiheiten geprägt ist, desto entschiedener ist die Unterstützung dieses Landes für die Ukraine.

© Der/die Autor(en), exklusiv lizenziert an Springer Fachmedien   41
Wiesbaden GmbH, ein Teil von Springer Nature 2026
O. Slaviou, *Der russisch-ukrainische Krieg*, essentials,
https://doi.org/10.1007/978-3-658-51049-7_3

Viele Imperien der Menschheitsgeschichte sind zerfallen, oft in oder nach einem Krieg. Wann auch immer dieser Zeitpunkt für die Russische Föderation eintreten wird, die Welt soll sich darauf vorbereiten. Die friedliche Auflösung des föderativen Staates und eine geordnete Entsorgung der Atomwaffen würde internationale Unterstützung benötigen. Neu entstehende Staaten der befreiten Völker würden nun selbst über eigene Ressourcen (Erdöl, Gas, andere Bodenschätze) verfügen und Wohlstand für ihre BürgerInnen ermöglichen; ihr wirtschaftlicher Aufschwung und Demokratisierung könnten die Dominanz Chinas im Fernen Osten schwächen; feindliche Angriffe der RF gegen den Westen und die Ukraine wären zu Ende.

Die Desintegration der Russischen Föderation ist ein im Kreml bekanntes und befürchtetes Szenario. Um diesem zuvorzukommen, agiert er nach der Logik des Imperiums: angreifen, um die eigene Existenz zu sichern; was nicht erobert werden kann, vernichten. Im großen Bild des russischen Imperialismus und Revanchismus ist der Krieg gegen die Ukraine nur ein Puzzleteil, wenn auch ein zentrales.

„Nazis", „Banderowzy", „Unterdrückung der Russen", die Ukraine als eine nicht lebensfähige und -würdige Marionette der USA/der NATO/des Westens/der EU – diese und andere mehrfach auch von seriösen Medien gestreuten Erzählungen erwiesen sich als ein jahrzehntelang staatlich betriebenes Ukraine-Bashing des Kremls, um eigene Herrschaftsansprüche über eine ehemalige Kolonie zu legitimieren.

Der andere Zugang zur Frage, warum Russland einen Krieg gegen die Ukraine führt, war die Reproduktion exakt dieser russischen Narrative, mitunter in abgewandelter oder verschleierter Form.

3.2   Krise des Pazifismus

Einige westliche PolitikerInnen, JournalistInnen, WissenschaftlerInnen, AktivistInnen erklärten den russischen Überall auf die Ukraine wie folgt: Die Ukraine gehöre zur russischen Einflusszone; die NATO-Erweiterung habe Russlands Sicherheitsbedürfnisse missachtet, woraufhin Moskau seine Interessen militärisch verteidigen und die Ukraine attackieren musste. Damit sei der Westen / die NATO / die USA / die EU / die Ukraine am Krieg (mit-)schuld.

Mit dieser Argumentation offenbarten sie eine undemokratische Gesinnung, oft getarnt als „Realpolitik" bzw. „Geopolitik". Es gibt hier nur zwei Positionen: Entweder erkennt man die Gleichberechtigung und Souveränität (= Selbstbestimmung) der Staaten sowie das Verbot der militärischen Gewalt als Mittel internationaler Politik, wie festgehalten in der UN-Charta, dem Schlüsseldokument des modernen Völkerrechts. Oder man denkt in autoritären Kategorien wie „das Recht des Stärkeren", „Machtzentren" und „Einflusssphären" und bedient damit die Interessen der antidemokratischen Kräfte, ob bewusst oder nicht, bezahlt oder nicht.

Solche Erklärungsversuche mündeten im deutschsprachigen Raum oft in selektive Friedensappelle. Es entstand eine neue Querfront-Bewegung aus (selbsternannten) FriedensforscherInnen, einigen feministischen Organisationen, Kunst- und Kulturschaffenden, AnhängerInnen linker und rechter Parteien, COVID19-LeugnerInnen und VerschwörungsideologInnen. Unter dem Vorwand „Gewalt beenden" zu wollen, richtete sie ihre Forderungen nicht an den Aggessor Russland, sondern an das Opfer: Die Ukraine solle den Widerstand aufgeben, während der Westen durch die Verweigerung von Waffenhilfe die Ukraine zur (Teil-)Kapitulation zwingen müsse. Dabei wird ignoriert: Unter russischer Okkupation herrscht kein Frieden. Wenn der bewaffnete Widerstand endet, enden die russische Gewalt und die russischen Gräueltaten nicht – sie werden bloß unsichtbar.

In dieser Form dient eine Bewegung, die sich „Friedensbewegung" nennt, nicht dem Frieden, sondern der Weiterführung des russischen Vernichtungskrieges.

3.3   Internationale Ordnung

In den vergangenen kriegsgebeutelten Jahrhunderten galt die Annahme, dass ein Herrscher – ein Autokrat – ein selbstverständliches Recht auf Gewalt und Krieg besitzt.

Nach dem Zweiten Weltkrieg etablierte sich die Ansicht, dass Krieg ein inakzeptables Übel ist und daher mit allen Mitteln zu vermeiden ist, und dass ein Aggressionskrieg sich nicht lohnen darf. Mit dem Ziel, den Weltfrieden zu sichern, wurden am 24. Oktober 1945 die *Vereinten Nationen* (englisch the *United Nations Organisation, UNO*) gegründet, andere internationale Bündnisse folgten. Zusammen bildeten sie das Gerüst der sogenannten **globalen Friedensarchitektur**. Diese verhindere, so glaubten viele, dass aufflammende Konfliktherde zu großen kriegerischen Auseinandersetzungen auswachsen, weil die Beteiligten unter anderem negative Folgen befürchteten.

Die lauten Stimmen, welche Verständnis für den Kriegstreiber Russland und Kompromisse seitens der Ukraine verlangten, markierten eine Erosion der Idee vom friedlichen Miteinander der Nachkriegszeit.

Angesichts des Aggressionswillens der Russischen Föderation stellte sich das Netzwerk der internationalen Institutionen, wie die Vereinten Nationen, die OSZE

(Organisation für Sicherheit und Zusammenarbeit in Europa) und der Europarat, als weitgehend wirkungslos heraus.

Bei einer Sondersitzung des deutschen Bundestages am 27. Februar 2022 erklärte der deutsche Bundeskanzler Olaf Scholz: „Wir erleben eine Zeitenwende. Und das bedeutet: Die Welt danach ist nicht mehr dieselbe wie die Welt davor."

Das Vertrauen in die Macht von Recht, Handel, Diplomatie und Humanismus sowie die Überzeugung von Pazifismus und Neutralität schützen nicht vor einer Aggression. Die Ära der bisherigen internationalen Friedensarchitektur ging zu Ende.

3.4   Europa und der Westen: Die eigene Stärke erkennen

Unter dem historisch entstandenen Begriff „Westen" war in der Vergangenheit Europa gemeint, das geografisch westlich von Asien – vom „Osten" – liegt.

Doch mittlerweile werden als „westlich" allgemein Länder bezeichnet, die ihre gesellschaftspolitische Ordnung nach den sogenannten „westlichen Werten" wie Demokratie, Achtung der Menschenreche, Rechtsstaatlichkeit, individuelle Freiheit, Gleichberechtigung und Marktwirtschaft gestalten. In diesem Sinne gehören nicht-europäische Länder wie die USA, Kanada, Australien, Neuseeland, Japan, Südkorea zum „Westen".

Das autoritäre Kreml-Regime sah in den westlichen Werten eine Bedrohung und im Westen einen Feind. Spätestens seit seiner Brandrede 2007 propagierte Putin eine „multipolare" Weltordnung, in der mehrere Machtzentren aktiv Einfluss auf andere Länder ausüben (dürfen). Die RF wäre nach seiner Darstellung ein solches Machtzentrum.

In den ersten Jahren des Krieges agierten europäische EntscheidungsträgerInnen vor allem in Deutschland und Frankreich unsicher-vorsichtig nach der Prämisse „wir sind nicht im Krieg mit Russland und wollen ihn nicht provozieren". Währenddessen erklärte Moskau seine Aggression gegen die Ukraine und hybride Attacken gegen Europa als Krieg des „kollektiven Westens" gegen sich und fuhr seine Waffenproduktion hoch. ExpertInnen warnen vor einem russischen kriegerischen Angriff auf ein NATO-Land in den nächsten 5 bis 10 Jahren.

Als die russische Botschaft „wir sind im Krieg mit euch" allmählich in der Europäischen Union ankam, begann die EU, sich ihrer Verteidigungsfähigkeit zu widmen.

Im Oktober 2022 startete die *European Sky Shield Initiative, ESSI,* zum Aufbau eines europäischen Luftverteidigungssystems. Im März 2024 präsentierte die

Europäische Kommission die erste Strategie für die Verteidigungsindustrie *EDIS* (*European Defence Industrial Strategy*), die auch die Ukraine einbindet. Im März 2025 wurde der Plan zur Steigerung der Verteidigungskapazitäten in den EU-Staaten „*Bereitschaft 2030*" (auch „*reArm Europe*" bezeichnet) inklusive des Programms *Security Action for Europe, SAFE,* für den gemeinsamen Einkauf von Waffen und Munition vorgestellt.

Diese Prozesse beschleunigte zusätzlich die isolationistische „America-first"-Position des US-Präsidenten Donald Trump, dass Europa sich um die eigene Verteidigung selber kümmern solle. Die faktische Aufkündigung der 80-jährigen euro-atlantischen Partnerschaft bedeutete das Ende der Gewissheit, dass Europa bei seiner Verteidigung auf die US-Hilfe im Rahmen der NATO zählen kann.

Beim NATO-Gipfel am 25. Juni 2025 beschlossen die VerteidigungsministerInnen der NATO die schrittweise Erhöhung der Verteidigungsausgaben der Mitglieder vom geltenden Ziel 2 % des BIPs auf 5 % spätestens im Jahr 2035.

Weltweit steigerten mehrere Länder nach Beginn der russischen Vollinvasion der Ukraine ihre Ausgaben für Verteidigung und Militär.

Viele im Westen hatten erkannt: Schwäche provoziert den Kreml, er versteht nur die Sprache der Stärke. Europa ist viel stärker als Russland, sofern der politische Wille da ist. Denn die Russische Föderation ist ein schwach entwickeltes Land, das lediglich ein Bruttoinlandsprodukt in der Größe Italiens aufweist und vom Verkauf fossiler Brennstoffe wie Gas und Erdöl zehrt. In mehreren Schritten beschloss die EU einen stufenweisen Ausstieg aus russischen Energielieferungen, um den russischen Krieg nicht länger durch diese Importe zu finanzieren.

3.5   Lichtblick nordische Länder

In der Verteidigung der Ukraine gegen die russische Aggression übernahmen die Länder Skandinaviens Dänemark, Schweden, Finnland und Norwegen, des Baltikums Estland, Lettland und Litauen gemeinsam mit den Niederlanden eine Führungsrolle. Mit einer Gesamtbevölkerung von 50 Mio. haben sie zwischen Februar 2022 und August 2025 fast 50 Mrd. Hilfe an die Ukraine geleistet, mit durchschnittlich 963 € pro EinwohnerIn, Dänemark sogar ca. 1.986 € pro EinwohnerIn. Zum Vergleich gaben Deutschland 458 € pro EinwohnerIn aus, die USA 335 €, Frankreich 316 €, Österreich 308, € Großbritannien 273 €, die Schweiz 114 € (The Ukraine Support Tracker 2025).

Mit ihrer tatkräftigen Unterstützung der angegriffenen Ukraine und durch Zurverfügungstellung eigener Ressourcen rückten die nordischen Länder den Begriff

Friedensarbeit wieder zurecht, im Gegensatz zu Bemühungen, sich mit dem Aggressor zu arrangieren, wie es im deutschsprachigen Raum verschiedentlich angestrebt wird. Wie Kaja Kallas, ehemalige Ministerpräsidentin Estlands und seit 2024 die Hohe Vertreterin der EU für Sicherheits- und Außenpolitik, es ausdrückte: „Wer Frieden will, muss dafür kämpfen" (Ableidinger 2024).

Die Staaten des europäischen Nordens bzw. die Niederlande lieferten Ideen und Visionen für die europäische und internationale Politik, ihre VertreterInnen prägten sie in entscheidungstragenden Ämtern mit. Andrius Kubilius, litauischer Ex-Premierminister, wurde im Dezember 2024 EU-Kommissar für Verteidigung und Raumfahrt. Der ehemalige Ministerpräsident der Niederlande Mark Rutte übernahm im Oktober 2024 das Amt des Generalsekretärs der NATO von Jens Stoltenberg, dem ehemaligen Ministerpräsidenten Norwegens.

Dänemark finanzierte 2024 aus den Zinsen auf eingefrorenes russisches Vermögen in der EU die Waffenproduktion für die Ukraine vor Ort in der Ukraine. Norwegen, Schweden, Litauen und die Niederlande folgten diesem erfolgreichen „Dänischen Modell". Die Niederlande und Dänemark lieferten 2024 die ersten westlichen Kampfflugzeuge F-16. Schweden und Norwegen erhöhten 2025 spürbar ihre Beiträge für die Ukraine, um die entstandene Lücke nach dem Hilfsstopp der USA zu schließen. Zusätzlich übergab Norwegen bis Mitte 2025 mehr F-16 Kampfjets als versprochen – 14 statt der zugesagten 6.

Die vormals neutralen Staaten Finnland und Schweden ignorierten den russischen Einschüchterungsversuch „wer in die NATO will, ist unser Feind" und traten der NATO bei. Litauen, Lettland und Estland setzen sich stark für den EU- und NATO-Beitritt der Ukraine ein.

Die Haltung gegenüber Russlands Krieg korreliert mit der Reife der gesellschaftlichen Ordnung auf Basis von Demokratie, Freiheit und Gleichberechtigung. Mehrere der acht Länder belegen konstant Plätze unter den Top-20 weltweit in Ranglisten der Demokratie, Pressefreiheit, Bildungsqualität, Korruptionswahrnehmung, Einkommensverteilung und der Gleichstellung der Geschlechter. In sechs der Staaten (außer Norwegen und Niederlande) führte zwischen 2022–2025 zumindest zeitweise eine Frau die Regierung an. Das demonstriert, wie eine von Frauen mitgestaltete, feministische Politik bezüglich eines Angriffskrieges aussehen kann.

Die nordischen Länder Europas kooperieren allumfassend miteinander, z. B. im Rahmen von „Nordic-Baltic Eight", NB8, bestehend aus Dänemark, Estland, Finnland, Island, Lettland, Litauen, Norwegen und Schweden, gegründet 1992. NB8 entwickelte sich seit 2022 zum Vorreiter in der Debatte über fortschrittliche Verteidigungskonzepte sowie Unterstützung für die Ukraine. Das Bündnis lebt Europa und der Welt die Kraft einer wertebasierten Gemeinschaft vor.

3.6 Von der Ukraine lernen

In ihrem Widerstand gegen die russische Aggression hat die Ukraine nicht nur die Angreifer, sondern auch Europa und die Welt überrascht. Die ukrainische Gesellschaft stellte sich als sehr resilient heraus. Nach dem Absturz um fast 30 % 2022 wuchs die ukrainische Wirtschaft wieder um 3–5 % jährlich. Projekte wie unterirdische Schulen, aber vor allem militärische Entwicklungen bewiesen die Innovationskraft der angegriffenen Nation.

Insbesondere folgende vier ukrainische Militäroperationen markierten einen Bruch mit etablierten Konzepten und Glaubenssätzen moderner Militärwissenschaften:

Versenkung des russischen Flaggschiffs „Moskwa" am 14. April 2022 und anschließende Vertreibung der russischen Schwarzmeerflotte aus dem Schwarzen Meer. Die Lehre daraus: Ohne eigene Flotte sich auf See durchzusetzen ist möglich.

„Cherson-Gegenoffensive" im Herbst 2022: Eine zahlenmäßig überlegene Armee zurückzudrängen ist möglich.

„Kursk-Offensive" ab 6. August 2024: Besetzung der Territorien einer Atomsupermacht ohne Atomkrieg ist möglich.

Operation „Pawutyna" (= Spinnennetz) am 1. Juni 2025: Nuklearkapazitäten eines Landes zu vernichten ist möglich.

Die ukrainische Art der Landesverteidigung eröffnete allmählich eine Aufarbeitung von Fehlern und Versäumnissen der bisherigen westlichen Strategie und eine Diskussion darüber, ob die Ukraine die Russische Föderation nicht bereits am Anfang des Krieges zurückdrängen hätte können, hätte der Westen notwendige Waffen zur Verfügung gestellt.

Es wurde sichtbar, dass die Ukraine nicht nur Hilfsempfänger, sondern ein wertvoller Vorposten gegen die russische Kriegstreiberei sowie ein weltweiter Vorreiter in innovativer Militärtechnologie ist und einen wichtigen Beitrag zur europäischen Sicherheit und Verteidigung leistet. 2025 starteten mehrere gemeinsame europäisch-ukrainische Projekte im Militärbereich für Wissenstransfer z. B. im Drohneneinsatz, Produktion von Waffen, (Weiter-)Entwicklung technologischer Lösungen usw. Europa entdeckte für sich die Ukraine.

Was Sie aus diesem *essential* mitnehmen können

- Das russische autoritäre Kreml-Regime führt einen imperialistischen genozidalen Eroberungskrieg, wie schon mehrfach in seiner neunhundertjährigen Geschichte
- Das Ziel bzw. der erklärte Feind der russischen Aggression ist nicht nur die Ukraine als unabhängiger Staat, sondern Demokratie, der Westen, Europa und seine liberalen Werte
- Der russische hybride Krieg umfasst Cyberattacken, Sabotagen und Anschläge, sowie Propaganda und verdecktes Lobbying pro-russischer Narrative durch ausgewählte westliche AkteurInnen
- Die Ukraine zeigt angesichts der brutalen russischen Kriegsführung eine hohe Resilienz und Innovationsgeist, braucht aber Unterstützung des Westens
- Europa entdeckt allmählich seine Stärke, dabei leben europäische nordische Länder eine wertebasierte politische Führung vor

Literatur

Ableidinger, C. (12. 02 2024). *NEOSLab*. Von Lab.neos.eu: https://lab.neos.eu/blog/2024/2/
vier-fallen-unsicherer-zeiten-die-warnungen-der-kaja-kallas#die-rede-zum-nachsehen
abgerufen

Balachuk, I. (04. 03 2025). *UKRAINSKA PRAVDA*. Von Pravda.com.ua: https://www.pravda.
com.ua/news/2025/03/4/7501202/ abgerufen

Blätter für deutsche und internationale Politik. (05 2022). Von blaetter.de: https://www.bla-
etter.de/ausgabe/2022/mai/dokumentiert-was-russland-mit-der-ukraine-tun-sollte
abgerufen

DeepStateUA. (20. 10 2025). Von Deepstateua.com: https://deepstatemap.
live/#9/50.8085382/34.5822144 abgerufen

Europäisches Parlament. (01 2023). *Europa.eu*. Von https://europa.eu/eurobarometer/sur-
veys/detail/2932 abgerufen

Medwedew, D. (03. 06 2025). *Telegram*. Von https://tgstat.ru/en/channel/@medvedev_tele-
gram/587 abgerufen

Moscowtimes.ru. (23. 04 2025). Von https://www.moscowtimes.ru/2025/04/23/gazprom-
poprosil-snizit-nalogi-posle-ubitka-natrillion-rublei-zagod-a161809 abgerufen

Pahulych, R. (21. 05 2021). *radiosvoboda.org*. Von https://www.radiosvoboda.org/a/
zakordonna-dopomoga-dlia-zsu/31266364.html abgerufen

Putin, W. (25. 04 2005). *Präsident Russlands*. Von http://kremlin.ru/events/president/tran-
scripts/22931 abgerufen

Putin, W. (24. 02 2022). *Präsident Russlands*. Von http://kremlin.ru/events/president/
news/67843 abgerufen

Russischer Welt-Volksrat. (27–28. 11 2023). Von vrns.ru: https://vrns.ru/documents/nakaz-
xxv-vsemirnogo-russkogo-narodnogo-sobora-nastoyashchee-i-budushchee-russkogo-
mira/ abgerufen

TASS.ru. (12. 12 2021). Von https://tass.ru/politika/13179271 abgerufen

Tom Balmforth, M. Z. (25. 04 2025). *Reuters.com*. Von https://www.reuters.com/graphics/
UKRAINE-CRISIS/NORTHKOREA-RUSSIA/lgvdxqjwbvo/ abgerufen

Trebesch. (14. 10 2025). *The Ukraine Support Tracker*. Von Kiel Institut: https://www.kiel-institut.de/de/themendossiers/krieg-gegen-die-ukraine/ukraine-support-tracker/ abgerufen

TYSHCHENKO, K. (23. 05 2022). *UKRAINSKA PRAVDA*. Von pravda.com.ua: https://www.pravda.com.ua/eng/news/2022/05/23/7348087/ abgerufen